Kuzhina Indiane

Receta Autentike dhe Shijesë për Të Përjetuar Kulturën Indiane

Rajesh Kumar

Tabela e Përmbajtjes

Pav Bhaji 17
    Përbërësit 17
    Metoda 18
Kotele soje 19
    Përbërësit 19
    Metoda 19
Bhel misri 21
    Përbërësit 21
    Metoda 21
Methi Gota 22
    Përbërësit 22
    Metoda 23
Idli 24
    Përbërësit 24
    Metoda 24
Idli Plus 25
    Përbërësit 25
    Metoda 26
Masala sanduiç 27
    Përbërësit 27
    Metoda 28
Qebap mente 29
    Përbërësit 29

- Metoda ... 29
- Perime Sevia Upma ... 30
  - Përbërësit ... 30
  - Metoda ... 31
- Bhel ... 32
  - Përbërësit ... 32
  - Metoda ... 32
- Sabudana Khichdi ... 33
  - Përbërësit ... 33
  - Metoda ... 34
- Dhokla e thjeshtë ... 35
  - Përbërësit ... 35
  - Metoda ... 36
- Patatja Jaldi ... 37
  - Përbërësit ... 37
  - Metoda ... 37
- Dhokla portokalli ... 38
  - Përbërësit ... 38
  - Metoda ... 39
- Pulë e pjekur indiane ... 40
  - Përbërësit ... 40
  - Metoda ... 41
- Përleshje pikante ... 42
  - Përbërësit ... 42
  - Metoda ... 42
- Curry pule me kokos të thatë ... 43
  - Përbërësit ... 43

Metoda 44
Pulë e thjeshtë 45
    Përbërësit 45
    Metoda 46
Curry pule jugore 47
    Përbërësit 47
    Për erëza: 48
    Metoda 48
Zierje pule në qumësht kokosi 50
    Përbërësit 50
    Metoda 51
Chandi Tikka 52
    Përbërësit 52
    Metoda 53
Pulë Tandoori 54
    Përbërësit 54
    Metoda 55
Murgh Lajawab 56
    Përbërësit 56
    Metoda 57
Pulë Lahori 58
    Përbërësit 58
    Metoda 59
Mëlçia e pulës 60
    Përbërësit 60
    Metoda 60
Pulë Balti 61

Përbërësit 61

Metoda 62

Pulë e mprehtë 63

Përbërësit 63

Metoda 64

Pulë Dilruba 65

Përbërësit 65

Metoda 66

Krahë pule të skuqura 67

Përbërësit 67

Metoda 67

Murgh Mussalam 68

Përbërësit 68

Metoda 69

Kënaqësi e pulës 70

Përbërësit 70

Metoda 71

Pulë Salli 72

Përbërësit 72

Metoda 73

Pulë e skuqur Tikka 74

Përbërësit 74

Metoda 75

Seekh pule 76

Përbërësit 76

Metoda 76

Nadan Kozhikari 77

Përbërësit	77
Metoda	78
Pula e mamit	79
Përbërësit	79
Metoda	80
Pulë Methi	81
Përbërësit	81
Metoda	82
Kopshtet pikante të pulës	83
Përbërësit	83
Për përzierjen e erëzave:	83
Metoda	84
Dieter's Chicken Curry	85
Përbërësit	85
Metoda	86
Pulë qiellore	87
Përbërësit	87
Për përzierjen e erëzave:	87
Metoda	88
Pulë Rizala	89
Përbërësit	89
Metoda	90
Surpriza e pulës	91
Përbërësit	91
Metoda	92
Pulë me djathë	93
Përbërësit	93

Për marinadën: 93

Metoda 94

Korma viçi 95

Përbërësit 95

Për përzierjen e erëzave: 95

Metoda 96

Dhal Kheema 97

Përbërësit 97

Për përzierjen e erëzave: 97

Metoda 98

Kari i derrit 99

Përbërësit 99

Për përzierjen e erëzave: 99

Metoda 100

Shikampoore qebap 101

Përbërësit 101

Metoda 102

Mish deleje speciale 104

Përbërësit 104

Për përzierjen e erëzave: 104

Metoda 105

Bërxolla të gjelbra Masala 106

Përbërësit 106

Për përzierjen e erëzave: 106

Metoda 107

Qebap me shtresa 108

Përbërësit 108

Për shtresën e bardhë: 108
Për shtresën e gjelbër: 108
Për shtresën e portokallit: 109
Për shtresën e mishit: 109
Metoda 109
Barrah Champ 111
    Përbërësit 111
    Metoda 112
Turshi i Qengjit 113
    Përbërësit 113
    Metoda 114
Goan Lamb Curry 116
    Përbërësit 116
    Për përzierjen e erëzave: 116
    Metoda 117
Mish Bagara 118
    Përbërësit 118
    Për përzierjen e erëzave: 118
    Metoda 119
Mëlçia në qumështin e kokosit 120
    Përbërësit 120
    Për përzierjen e erëzave: 120
    Metoda 121
Masala e qengjit me kos 122
    Përbërësit 122
    Për përzierjen e erëzave: 122
    Metoda 123

Korma në Khada Masala 124
    Përbërësit 124
    Metoda 125
Kerri i Qengjit dhe Veshkave 126
    Përbërësit 126
    Për përzierjen e erëzave: 127
    Metoda 127
Gosht Gulfaam 129
    Përbërësit 129
    Për salcën: 129
    Metoda 130
Qengji Do Pyaaza 131
    Përbërësit 131
    Metoda 132
Peshku i skuqur me qëlloj 134
    Përbërësit 134
    Metoda 135
Peshku Caldine 136
    Përbërësit 136
    Metoda 137
Karkaleci dhe vezë 138
    Përbërësit 138
    Metoda 139
Moli i peshkut 140
    Përbërësit 140
    Metoda 140
Karkaleca deti Bharta 142

Përbërësit 142

Metoda 143

Peshk & Perime pikante 144

Përbërësit 144

Metoda 145

Kotele skumbri 146

Përbërësit 146

Metoda 147

Gaforrja Tandoori 148

Përbërësit 148

Metoda 148

Peshku i mbushur 149

Përbërësit 149

Metoda 150

Karkaleca dhe lulelakra 151

Përbërësit 151

Për përzierjen e erëzave: 151

Metoda 152

molusqe të skuqura 153

Përbërësit 153

Metoda 154

Karkaleca të skuqura në qëlloj 155

Përbërësit 155

Metoda 156

Skumbri në lëng mishi me domate 157

Përbërësit 157

Metoda 158

Konju Ullaruathu 159
    Përbërësit 159
    Metoda 160
Chemeen Manga Curry 161
    Përbërësit 161
    Metoda 162
Simple Machchi Fry 163
    Përbërësit 163
    Metoda 163
Machher Kalia 164
    Përbërësit 164
    Metoda 165
Peshku i skuqur në vezë 166
    Përbërësit 166
    Metoda 166
Lau Chingri 167
    Përbërësit 167
    Metoda 168
Peshku me domate 169
    Përbërësit 169
    Metoda 170
Chingri Machher Kalia 171
    Përbërësit 171
    Metoda 171
Peshku Tikka Kebab 172
    Përbërësit 172
    Metoda 172

Ketletë Chingri Machher 173
- Përbërësit 173
- Metoda 174

Peshk i pjekur 175
- Përbërësit 175
- Metoda 175

Karkaleca me speca jeshil 176
- Përbërësit 176
- Metoda 176

Machher Jhole 178
- Përbërësit 178
- Metoda 179

Machher Paturi 180
- Përbërësit 180
- Metoda 181

Chingri Machher Shorsher Jhole 182
- Përbërësit 182
- Metoda 183

Kari i karkalecit dhe patates 184
- Përbërësit 184
- Metoda 185

Moli i karkalecit 186
- Përbërësit 186
- Metoda 187

Peshku Koliwada 188
- Përbërësit 188
- Metoda 189

Roll peshku dhe patate 190
    Përbërësit 190
    Metoda 191
Masala e karkalecit 192
    Përbërësit 192
    Metoda 193
Peshku me hudhër 194
    Përbërësit 194
    Metoda 194
Oriz me patate 195
    Përbërësit 195
    Për petat: 195
    Metoda 196
Pulao perime 197
    Përbërësit 197
    Metoda 198
Kaççe Gosht ki Biryani 199
    Përbërësit 199
    Për marinadën: 199
    Metoda 200
Acari Gosht ki Biryani 201
    Përbërësit 201
    Metoda 202
Yakhni Pulao 204
    Përbërësit 204
    Metoda 205
Hyderabadi Biryani 207

Përbërësit 207

Për përzierjen e erëzave: 207

Metoda 208

Biryani perimesh 209

Përbërësit 209

Metoda 210

Kale Moti ki Biryani 211

Përbërësit 211

Metoda 212

Mince & Masoor Pulao 214

Përbërësit 214

Metoda 215

Biryani i pulës 216

Përbërësit 216

Për marinadën: 216

Metoda 217

Pav Bhaji

(Perime pikante me bukë)

Shërben 4

Përbërësit

2 patate të mëdha, të ziera

200 g/7oz perime të ngrira, të përziera (speca jeshil, karrota, lulelakër dhe bizele)

2 lugë gjelle gjalpë

1½ lugë pastë hudhre

2 qepë të mëdha, të grira

4 domate të mëdha, të prera

250 ml/8 ml oz ujë

2 lugë gjelle pav bhaji masala*

1½ lugë speci pluhur

¼ lugë shafran i Indisë

Lëng nga 1 limon

Kripë për shije

1 lugë gjelle gjethe koriandër, të copëtuara

Gjalpë për të pjekur

4 simite hamburgeri, të prera në gjysmë

1 qepë e madhe, e grirë hollë

Feta të vogla limoni

Metoda

- Grini mirë perimet. Le menjane.
- Ngrohni gjalpin në një tenxhere. Shtoni pastën e hudhrës dhe qepët dhe skuqini derisa qepët të marrin ngjyrë kafe. Shtoni domatet dhe skuqini duke i përzier herë pas here në zjarr mesatar për 10 minuta.
- Shtoni perimet e grira, ujin, pav bhaji masala, pluhur djegës, shafran i Indisë, lëngun e limonit dhe kripën. Ziejini derisa lëngu të jetë i trashë. Pure dhe gatuaj për 3-4 minuta, duke e përzier vazhdimisht. Spërkatni gjethet e koriandrit dhe përziejini mirë. Le menjane.
- Ngrohni një tigan të sheshtë. I lyejmë me pak gjalpë dhe i pjekim tufat e hamburgerit deri sa të jenë të freskëta nga të dyja anët.
- Shërbejeni përzierjen e perimeve të nxehtë me simitet, me qepën dhe fetat e limonit anash.

Kotele soje

Bën 10

Përbërësit

300g/10oz mung dhal*, njomet për 4 orë

Kripë për shije

400g/14oz granula soje, të zhytura në ujë të ngrohtë për 15 minuta

1 qepë e madhe, e grirë hollë

2-3 speca djegës të gjelbër, të grirë hollë

1 lugë çaji amchoor*

1 lugë gjelle garam masala

2 lugë gjelle gjethe koriandër, të copëtuara

150 g/5½oz paneer*ose tofu, i grirë

Vaj vegjetal i rafinuar për tiganisje të thellë

Metoda

- Mos e kulloni dhalin. Shtoni kripën dhe ziejini në një tenxhere në zjarr mesatar për 40 minuta. Le menjane.
- Kulloni kokrrat e sojës. Përziejini me dhalin dhe grijeni në një masë të trashë.
- Në një tenxhere që nuk ngjit, përzieni këtë pastë me të gjithë përbërësit e mbetur, përveç vajit. Gatuani në zjarr të ulët derisa të thahet.

- Përzierjen e ndajmë në toptha me madhësi limoni dhe e japim formë kotele.
- Ngrohni vajin në një tenxhere. Skuqini kotatet deri në kafe të artë.
- Shërbejeni të nxehtë me chutney mente

Bhel misri

(Rostiçeri me misër pikant)

Shërben 4

Përbërësit

200g/7oz kokrra misri të ziera

100 g/3½oz qepë të grira, të grira hollë

1 patate e zier, e qeruar dhe e grire imet

1 domate e grirë hollë

1 kastravec i grire holle

10 g/¼ oz gjethe koriandër, të copëtuara

1 lugë çati masala*

2 lugë çaji lëng limoni

1 lugë gjelle chutney mente

Kripë për shije

Metoda

- Në një enë, hidhni të gjithë përbërësit së bashku që të përzihen plotësisht.
- Shërbejeni menjëherë.

Methi Gota

(Dampling fenugreek të skuqur)

Bën 20

Përbërësit

500g/1lb 2oz besan*

45 g/1½ oz miell integral

125 g/4½oz kos

4 lugë gjelle vaj vegjetal të rafinuar plus shtesë për tiganisje

2 lugë gjelle bikarbonat sode

50 g/1¾oz gjethe të freskëta fenugreku, të prera imët

50 g/1¾oz gjethe koriandër, të prera imët

1 banane e pjekur, e qëruar dhe e grirë

1 lugë fara koriandër

10-15 kokrra piper të zi

2 speca djegës të gjelbër

½ lugë pastë xhenxhefili

½ lugë gjelle garam masala

Majë asafoetida

1 lugë spec djegës pluhur

Kripë për shije

Metoda

- Përziejini së bashku besanin, miellin dhe kosin.
- Shtoni 2 lugë vaj dhe bikarbonatin e sodës. Lëreni mënjanë të fermentohet për 2-3 orë.
- Shtoni të gjithë përbërësit e mbetur, përveç vajit. Përziejini mirë për të bërë një brumë të trashë.
- Ngrohni 2 lugë vaj dhe shtoni në brumë. Përziejini mirë dhe lërini mënjanë për 5 minuta.
- Ngrohni vajin e mbetur në një tenxhere. Hidhni lugë të vogla të brumit në vaj dhe skuqeni deri në kafe të artë.
- Kullojini në letër absorbuese. Shërbejeni të nxehtë.

Idli

(Torta me oriz me avull)

Shërben 4

Përbërësit

500 g/1 lb 2oz oriz, i njomur gjatë natës

300g/10oz urad dhal*, ngjyhet gjatë natës

1 lugë gjelle kripë

Një majë me bikarbonat sode

Vaj vegjetal i rafinuar për lyerje

Metoda

- Kulloni orizin dhe dhalin dhe grijini së bashku.
- Shtoni kripën dhe bikarbonatin e sodës. Lërini mënjanë për 8-9 orë që të fermentohen.
- Lyejini me yndyrë kallëpet e kekëve. Hidhni përzierjen e orizit-dhal në to në mënyrë që secila të jetë gjysmë e mbushur. Ziejini me avull për 10-12 minuta.
- Hiqni idlis jashtë. Shërbejeni të nxehtë me chutney kokosi

Idli Plus

(Tortë me oriz të zier me erëza)

Shërben 6

Përbërësit

500 g/1 lb 2oz oriz, i njomur gjatë natës

300g/10oz urad dhal*, ngjyhet gjatë natës

1 lugë gjelle kripë

¼ lugë shafran i Indisë

1 lugë gjelle sheqer pluhur

Kripë për shije

1 lugë gjelle vaj vegjetal të rafinuar

½ lugë fara qimnoni

½ lugë fara sinapi

Metoda

- Kulloni orizin dhe dhalin dhe grijini së bashku.
- Shtoni kripën dhe lëreni mënjanë për 8-9 orë që të fermentohet.
- Shtoni shafranin e Indisë, sheqerin dhe kripën. Përziejini mirë dhe lërini mënjanë.
- Ngrohni vajin në një tenxhere. Shtoni farat e qimnonit dhe mustardës. Lërini të shpërndahen për 15 sekonda.
- Shtoni përzierjen e orizit-dhal. Mbulojeni me kapak dhe ziejini për 10 minuta.
- Zbuloni dhe kthejeni përzierjen. Mbulojeni përsëri dhe ziejini për 5 minuta.
- Shponi idlin me pirun. Nëse piruni del i pastër, idli është bërë.
- Pritini në copa dhe shërbejeni të nxehtë me chutney kokosi

Masala sanduiç

Bën 6

Përbërësit

2 lugë vaj vegjetal të rafinuar

1 qepë e vogël, e grirë hollë

¼ lugë shafran i Indisë

1 domate e madhe, e grire holle

1 patate e madhe, e zier dhe e grirë

1 lugë bizele të ziera

1 lugë çati masala*

Kripë për shije

10 g/¼ oz gjethe koriandër, të copëtuara

50 g/1¾oz gjalpë

12 feta buke

Metoda

- Ngrohni vajin në një tenxhere. Shtoni qepën dhe skuqeni derisa të jetë e tejdukshme.
- Shtoni shafranin e Indisë dhe domaten. E trazojmë në zjarr mesatar për 2-3 minuta.
- Shtoni patatet, bizelet, chaat masala, kripën dhe gjethet e koriandrit. Përziejini mirë dhe ziejini për një minutë në zjarr të ulët. Le menjane.
- Lyejeni me gjalpë fetat e bukës. Vendosni një shtresë të përzierjes së perimeve në gjashtë feta. Mbulojeni me fetat e mbetura dhe piqeni në skarë për 10 minuta. Kthejeni dhe piqeni përsëri në skarë për 5 minuta. Shërbejeni të nxehtë.

Qebap mente

Bën 8

Përbërësit

10 g/¼ oz gjethe nenexhiku, të prera imët

500g/1lb 2oz djathë dhie, i kulluar

2 lugë miell misri

10 arra shqeme, të prera përafërsisht

½ lugë piper i zi i bluar

1 lugë çaji amchoor*

Kripë për shije

Vaj vegjetal i rafinuar për tiganisje

Metoda

- Përziejini së bashku të gjithë përbërësit, përveç vajit. Gatuani në një brumë të butë por të fortë. Ndani në 8 topa me madhësi limoni dhe rrafshoni.
- Ngrohni vajin në një tenxhere. Skuqini qebapët në zjarr mesatar deri në kafe të artë.
- Shërbejeni të nxehtë me chutney mente

Perime Sevia Upma

(Snack vermiçeli me perime)

Shërben 4

Përbërësit

5 lugë vaj vegjetal të rafinuar

1 piper i madh jeshil, i grirë hollë

¼ lugë fara sinapi

2 speca djegës të gjelbër, të prerë për së gjati

200 g/7oz vermiçeli

8 gjethe kerri

Kripë për shije

Majë asafoetida

50 g/1¾oz fasule franceze, të prera imët

1 karotë, e grirë hollë

50 g/1¾oz bizele të ngrira

1 qepë e madhe, e grirë hollë

25 g/1 oz gjethe koriandër të pakta, të grira imët

Lëng nga 1 limon (opsionale)

Metoda

- Ngrohni 2 lugë vaj në një tenxhere. Skuqini specin jeshil për 2-3 minuta. Le menjane.
- Ngrohni 2 lugë vaj në një tenxhere tjetër. Shtoni farat e sinapit. Lërini të shpërndahen për 15 sekonda.
- Shtoni specat e gjelbër dhe vermiçelin. Skuqini për 1-2 minuta në zjarr mesatar, duke e përzier herë pas here. Shtoni gjethet e kerit, kripën dhe asafoetida.
- Spërkateni me pak ujë dhe shtoni specin jeshil të skuqur, fasulet franceze, karrotën, bizelet dhe qepën. Përziejini mirë dhe ziejini për 3-4 minuta në zjarr mesatar.
- Mbulojeni me kapak dhe gatuajeni për një minutë tjetër.
- Sipër spërkatni gjethet e koriandrit dhe lëngun e limonit. Shërbejeni të nxehtë me chutney kokosi

Bhel

(Snack me oriz të fryrë)

Shërben 4-6

Përbërësit

2 patate të mëdha, të ziera dhe të prera në kubikë

2 qepë të mëdha, të grira hollë

125 g/4½oz kikirikë të pjekur

2 lugë qimnon të bluar, të pjekur të thatë

300 g/10 oz Bhel Mix

250 g/9oz chutney mango e nxehtë dhe e ëmbël

60 g/2oz chutney mente

Kripë për shije

25 g/1 oz gjethe koriandër të pakta, të copëtuara

Metoda

- Përzieni patatet, qepët, kikirikët dhe qimnonin e bluar me përzierjen Bhel. Shtoni si chutneyt ashtu edhe kripën. Hidheni për përzierje.
- Sipër i hidhni gjethet e koriandrit. Shërbejeni menjëherë.

Sabudana Khichdi

(Snack Sago me patate dhe kikirikë)

Shërben 6

Përbërësit

300 g/10 oz sago

250 ml/8 ml oz ujë

250 g/9oz kikirikë, të bluar në mënyrë të trashë

Kripë për shije

2 lugë gjelle sheqer pluhur

25 g/1 oz gjethe koriandër të pakta, të copëtuara

2 lugë vaj vegjetal të rafinuar

1 lugë fara qimnoni

5-6 speca djegës të gjelbër, të grirë hollë

100 g/3½oz patate, të ziera dhe të copëtuara

Metoda

- Thith sagon gjatë natës në ujë. Shtoni kikirikët, kripën, sheqerin dhe gjethet e koriandrit dhe përziejini mirë. Le menjane.
- Ngrohni vajin në një tenxhere. Shtoni farat e qimnonit dhe specat e gjelbër. Skuqini për rreth 30 sekonda.
- Shtoni patatet dhe skuqini për 1-2 minuta në zjarr mesatar.
- Shtoni përzierjen e sagos. E trazojmë dhe e përziejmë mirë.
- Mbulojeni me kapak dhe ziejini në zjarr të ulët për 2-3 minuta. Shërbejeni të nxehtë.

Dhokla e thjeshtë

(Tortë e thjeshtë me avull)

Bën 25

Përbërësit

250g/9oz chana dhal*, ngjyhet brenda natës dhe kullohet

2 speca djegës të gjelbër

1 lugë pastë xhenxhefili

Majë asafoetida

½ lugë çaji bikarbonat sode

Kripë për shije

2 lugë vaj vegjetal të rafinuar

½ lugë fara sinapi

4-5 gjethe kerri

4 lugë arrë kokosi të freskët, të grirë në rende

10 g/¼ oz gjethe koriandër, të copëtuara

Metoda

- Grini dhalin në një pastë të trashë. Lëreni të fermentohet për 6-8 orë.
- Shtoni specat e gjelbër, pastën e xhenxhefilit, asafoetida, bikarbonatin e sodës, kripën, 1 lugë gjelle vaj dhe pak ujë. Përziejini mirë.
- Lyeni me yndyrë një formë të rrumbullakët për kek 20 cm/8 inç dhe mbusheni me brumin.
- Ziejini me avull për 10-12 minuta. Le menjane.
- Ngrohni vajin e mbetur në një tenxhere. Shtoni farat e sinapit dhe gjethet e kerit. Lërini të shpërndahen për 15 sekonda.
- Hidhni këtë mbi dhoklas. Zbukuroni me gjethet e kokosit dhe korianderit. Pritini në copa dhe shërbejeni të nxehtë.

Patatja Jaldi

Shërben 4

Përbërësit

2 lugë vaj vegjetal të rafinuar

1 lugë fara qimnoni

1 djegës jeshil, i grirë

½ lugë kripë e zezë

1 lugë çaji amchoor*

1 lugë gjelle koriandër të bluar

4 patate të mëdha, të ziera dhe të prera në kubikë

2 lugë gjelle gjethe koriandër, të copëtuara

Metoda

- Ngrohni vajin në një tenxhere. Shtoni farat e qimnonit dhe lërini të shpërndahen për 15 sekonda.
- Shtoni të gjithë përbërësit e mbetur. Përziejini mirë. Gatuani në zjarr të ulët për 3-4 minuta. Shërbejeni të nxehtë.

Dhokla portokalli

(Torta me portokall me avull)

Bën 25

Përbërësit

50 g/1¾oz bollgur

250 g/9oz besan*

250 ml/8 ml salcë kosi

Kripë për shije

100 ml/3½ ml oz ujë

4 thelpinj hudhre

1 cm/½ në rrënjë xhenxhefil

3-4 speca djegës të gjelbër

100 g/3½oz karota, të grira

¾ lugë çaji bikarbonat sode

¼ lugë shafran i Indisë

Vaj vegjetal i rafinuar për lyerje

1 lugë fara sinapi

10-12 gjethe kerri

50 g/1¾oz arrë kokosi të grirë

25 g/1 oz gjethe koriandër të pakta, të grira imët

Metoda

- Përziejmë së bashku bollgurin, besanin, kosin, kripën dhe ujin. Lëreni mënjanë të fermentohet gjatë natës.
- Grini së bashku hudhrën, xhenxhefilin dhe ftonjtë.
- Shtoni në brumin e fermentuar së bashku me karotën, bikarbonatin e sodës dhe shafranin e Indisë. Përziejini mirë.
- Lyejmë me pak vaj një format të rrumbullakët për kek 20 cm/8 inç. Derdhni brumin në të. Ziejeni me avull për rreth 20 minuta. Ftoheni dhe prisni në copa.
- Ngrohni pak vaj në një tenxhere. Shtoni farat e sinapit dhe gjethet e kerit. I skuqni për 30 sekonda. Hidhni këtë mbi copat e dokles.
- Zbukuroni me gjethet e kokosit dhe korianderit. Shërbejeni të nxehtë.

Pulë e pjekur indiane

Shërben 4

Përbërësit

1 kg/2¼ paund pule

1 lugë gjelle lëng limoni

Kripë për shije

2 qepë të mëdha

Xhenxhefil 2.5 cm/1 inç rrënjë

4 thelpinj hudhre

3 karafil

3 bishtaja kardamom jeshile

5 cm/2 in kanellë

4 lugë vaj vegjetal të rafinuar

200 g/7oz thërrime buke

2 mollë, të prera

4 vezë të ziera fort, të copëtuara

Metoda

- Marinojeni pulën me lëng limoni dhe kripë për 1 orë.

- Grini së bashku qepët, xhenxhefilin, hudhrën, karafilin, kardamonin dhe kanellën me ujë të mjaftueshëm për të formuar një pastë të butë.

- Ngrohni vajin në një tenxhere. Shtoni pastën dhe skuqeni në zjarr të ulët për 7 minuta. Shtoni thërrimet e bukës, mollët dhe kripën. Gatuani për 3-4 minuta.

- Mbushni pulën me këtë përzierje dhe piqini në furrë në 230°C (450°F, Gas Mark 8) për 40 minuta. Dekoroni me vezët. Shërbejeni të nxehtë.

Përleshje pikante

Shërben 4

Përbërësit

3 lugë vaj vegjetal të rafinuar

750g/1lb 10oz salsiçe pule, të prera në feta

4 speca jeshile, te grira

1 lugë spec djegës pluhur

2 lugë qimnon të bluar

10 thelpinj hudhre, te grira holle

3 domate, të prera në katër pjesë

4 lugë gjelle ujë të ftohtë

½ lugë piper i sapo bluar

Kripë për shije

4 vezë, të rrahura lehtë

Metoda

- Ngrohni vajin në një tenxhere. Shtoni salsiçet dhe skuqini në zjarr mesatar deri në kafe. Shtoni të gjithë përbërësit e mbetur, përveç vezëve. Përziejini mirë. Gatuani në zjarr të ulët për 8-10 minuta.

- Shtoni butësisht vezët dhe përzieni derisa vezët të jenë gati. Shërbejeni të nxehtë.

Curry pule me kokos të thatë

Shërben 4

Përbërësit

1 kg/2¼ lb pule, e prerë në 12 copa

Kripë për shije

Lëng i gjysmë limoni

1 qepë e madhe, e prerë në feta

4 lugë arrë kokosi të tharë

1 lugë shafran i Indisë

8 thelpinj hudhre

Xhenxhefil 2.5 cm/1 inç rrënjë

½ lugë fara kopër

1 lugë gjelle garam masala

1 lugë fara lulekuqeje

4 lugë vaj vegjetal të rafinuar

500 ml/16 ml oz ujë

Metoda

- Marinojeni pulën me kripë dhe lëng limoni për 30 minuta.

- Pjekni qepën dhe kokosin në tharje për 5 minuta.

- Përziejini me të gjithë përbërësit e mbetur, përveç vajit dhe ujit. Grini me ujë të mjaftueshëm për të formuar një pastë të lëmuar.

- Ngrohni vajin në një tenxhere. Shtoni pastën dhe skuqeni në zjarr të ulët për 7-8 minuta. Shtoni pulën dhe ujin. Ziejini për 40 minuta. Shërbejeni të nxehtë.

Pulë e thjeshtë

Shërben 4

Përbërësit

1 kg/2¼ lb pule, e prerë në 8 copa

Kripë për shije

1 lugë spec djegës pluhur

½ lugë shafran i Indisë

3 lugë vaj vegjetal të rafinuar

2 qepë të mëdha, të prera hollë

1 lugë pastë xhenxhefili

1 lugë pastë hudhre

4-5 speca djegës të plotë të kuq, të pastruara

4 domate të vogla, të grira hollë

1 lugë gjelle garam masala

250 ml/8 ml oz ujë

Metoda

- Marinojeni pulën me kripë, spec djegës pluhur dhe shafran të Indisë për 1 orë.

- Ngrohni vajin në një tenxhere. Shtoni qepët dhe skuqini në zjarr mesatar deri në kafe. Shtoni pastën e xhenxhefilit dhe pastën e hudhrës. Skuqini për 1 minutë.

- Shtoni pulën e marinuar dhe përbërësit e mbetur. Përziejini mirë. Mbulojeni me kapak dhe ziejini për 40 minuta. Shërbejeni të nxehtë.

Curry pule jugore

Shërben 4

Përbërësit

1 lugë pastë xhenxhefili

1 lugë pastë hudhre

2 speca djegës të gjelbër, të grirë hollë

1 lugë çaji lëng limoni

Kripë për shije

1 kg/2¼ lb pule, e prerë në 10 copa

3 lugë vaj vegjetal të rafinuar

2.5 cm/1 in kanellë

3 bishtaja kardamom jeshile

3 karafil

1 anise yll

2 gjethe dafine

3 qepë të mëdha, të grira hollë

½ lugë spec djegës pluhur

½ lugë shafran i Indisë

1 lugë gjelle koriandër të bluar

250 ml/8 ml qumësht kokosi

Për erëza:

½ lugë fara sinapi

8 gjethe kerri

3 speca djegës të plotë të kuq të thatë

Metoda

- Përzieni së bashku pastën e xhenxhefilit, pastën e hudhrës, specat e gjelbër, lëngun e limonit dhe kripën. Marinojeni pulën me këtë përzierje për 30 minuta.

- Ngrohni gjysmën e vajit në një tenxhere. Shtoni kanellën, kardamonin, karafilin, anise dhe gjethet e dafinës. Lërini të shpërndahen për 30 sekonda.

- Shtoni qepët dhe skuqini në zjarr mesatar derisa të marrin ngjyrë kafe.

- Shtoni pulën e marinuar, pluhurin e djegës, shafranin e Indisë dhe koriandrin e bluar. Përziejini mirë dhe mbulojeni me kapak. Gatuani në zjarr të ulët për 20 minuta.

- Shtoni qumështin e kokosit. Përziejini mirë dhe ziejini për 10 minuta të tjera, duke e përzier shpesh. Le menjane.

- Ngrohni vajin e mbetur në një tenxhere të vogël. Shtoni përbërësit e erëzave. Lërini të shpërndahen për 30 sekonda.

- Hidheni këtë erëza në karin e pulës. Përziejini mirë dhe shërbejeni të nxehtë.

Zierje pule në qumësht kokosi

Shërben 4

Përbërësit

2 lugë vaj vegjetal të rafinuar

2 qepë, të prera në 8 pjesë secila

1 lugë pastë xhenxhefili

1 lugë pastë hudhre

3 speca djegës të gjelbër, të prerë për së gjati

2 lugë gjelle garam masala

8 shkopinj pule

750 ml/1¼ linte qumësht kokosi

200 g/7oz perime të përziera të ngrira

Kripë për shije

2 lugë çaji miell orizi, i tretur në 120 ml/4 ml ujë

Metoda

- Ngrohni vajin në një tenxhere. Shtoni qepët, pastën e xhenxhefilit, pastën e hudhrës, specat e gjelbër dhe garam masala. Skuqini për 5 minuta duke e përzier vazhdimisht.

- Shtoni shkopinjtë dhe qumështin e kokosit. Përziejini mirë. Ziejini për 20 minuta.

- Shtoni perimet dhe kripën. Përziejini mirë dhe ziejini për 15 minuta.

- Shtoni përzierjen e miellit të orizit. Ziejini për 5-10 minuta dhe shërbejeni të nxehtë.

Chandi Tikka

(Copa pule të skuqura të lyera me tërshërë)

Shërben 4

Përbërësit

1 lugë gjelle lëng limoni

1 lugë pastë xhenxhefili

1 lugë pastë hudhre

75 g/2½oz djathë çedar

200 g/7oz kos

¾ lugë piper i bardhë i bluar

1 lugë fara qimnoni të zi

Kripë për shije

4 gjoks pule

1 vezë, të tundur

45 g/1½ oz bollgur

Metoda

- Përziejini së bashku të gjithë përbërësit, përveç gjoksit të pulës, vezës dhe tërshërës. Marinojeni pulën me këtë përzierje për 3-4 orë.

- Zhytni gjokset e marinuara të pulës në vezë, lyeni me tërshërën dhe grijini për një orë, duke i kthyer herë pas here. Shërbejeni të nxehtë.

Pulë Tandoori

Shërben 4

Përbërësit

1 lugë gjelle lëng limoni

2 lugë pastë xhenxhefili

2 lugë pastë hudhre

2 speca djegës të gjelbër, të grira hollë

1 lugë gjelle gjethe koriandër, të bluara

1 lugë spec djegës pluhur

1 lugë gjelle garam masala

1 lugë gjelle papaja të papërpunuar të bluar

½ lugë e vogël ngjyrë ushqimore portokalli

1½ lugë gjelle vaj vegjetal të rafinuar

Kripë për shije

1 kg/2¼ lb pulë e plotë

Metoda

- Përziejini së bashku të gjithë përbërësit, përveç mishit të pulës. I bëjmë prerje pulës dhe e marinojmë me këtë përzierje për 6-8 orë.

- Piqeni pulën në furrë në 200°C (400°F, Gas Mark 6) për 40 minuta. Shërbejeni të nxehtë.

Murgh Lajawab

(Pulë e gatuar me erëza të pasura indiane)

Shërben 4

Përbërësit

1 kg/2¼ lb pule, e prerë në 8 copa 1 lugë gjelle pastë xhenxhefili

1 lugë pastë hudhre

4 lugë ghee

2 lugë fara lulekuqe, të bluara

1 lugë fara pjepri*, tokë

6 bajame

3 bishtaja kardamom jeshile

¼ lugë arrëmyshk i bluar

1 lugë gjelle garam masala

2 copë topuz

Kripë për shije

750 ml/1¼ litër qumësht

6 fije shafran

Metoda

- Marinojeni pulën me pastën e xhenxhefilit dhe hudhrës për një orë.

- Ngrohni ghein në një tenxhere dhe skuqni pulën e marinuar për 10 minuta në një zjarr mesatar.

- Shtoni të gjithë përbërësit e mbetur përveç qumështit dhe shafranit. Përziejini mirë, mbulojeni me kapak dhe ziejini për 20 minuta.

- Shtoni qumështin dhe shafranin dhe ziejini për 10 minuta. Shërbejeni të nxehtë.

Pulë Lahori

(Pulë e stilit të kufirit veriperëndimor)

Shërben 4

Përbërësit

50 g/1¾oz kos

1 lugë pastë xhenxhefili

1 lugë pastë hudhre

1 lugë spec djegës pluhur

½ lugë shafran i Indisë

1 kg/2¼ lb pule, e prerë në 12 copa

4 lugë vaj vegjetal të rafinuar

2 qepë të mëdha, të grira hollë

1 lugë fara susami, të bluara

1 lugë fara lulekuqe, të bluara

10 arra shqeme, të bluara

2 speca jeshilë të mëdhenj, të pastruar dhe të grirë hollë

500 ml/16 ml qumësht kokosi

Kripë për shije

Metoda

- Përzieni së bashku kosin, pastën e xhenxhefilit, pastën e hudhrës, pluhurin e specit djegës dhe shafranin e Indisë. Marinojeni pulën me këtë përzierje për 1 orë.

- Ngrohni vajin në një tenxhere. Skuqini qepët në zjarr të ulët deri në kafe.

- Shtoni pulën e marinuar. Skuqini për 7-8 minuta. Shtoni të gjithë përbërësit e mbetur dhe gatuajeni për 30 minuta, duke i përzier herë pas here. Shërbejeni të nxehtë.

Mëlçia e pulës

Shërben 4

Përbërësit

3 lugë vaj vegjetal të rafinuar

2 qepë të mëdha, të prera hollë

5 thelpinj hudhre, te grira

8 mëlçi pule

1 lugë piper i zi i bluar

1 lugë çaji lëng limoni

Kripë për shije

Metoda

- Ngrohni vajin në një tenxhere. Shtoni qepët dhe hudhrat. Skuqini në zjarr mesatar për 3-4 minuta.

- Shtoni të gjithë përbërësit e mbetur. Skuqini për 15-20 minuta, duke e përzier herë pas here. Shërbejeni të nxehtë.

Pulë Balti

Shërben 4

Përbërësit

4 lugë ghee

1 lugë shafran i Indisë

1 lugë fara mustarde

1 lugë fara qimnoni

8 thelpinj hudhre, te grira holle

2.5cm/1in xhenxhefil rrënjë, i grirë imët

3 qepë të vogla, të grira hollë

7 speca djegës të gjelbër

750 g/1 lb 10 oz gjoks pule, të copëtuar

1 lugë gjelle koriandër të bluar

1 lugë krem të vetëm

1 lugë gjelle garam masala

Kripë për shije

Metoda

- Ngrohni ghee në një tenxhere. Shtoni shafranin e Indisë, farat e mustardës dhe farat e qimnonit. Lërini të shpërndahen për 30 sekonda. Shtoni hudhrën, xhenxhefilin, qepët dhe specat e gjelbër dhe skuqini në zjarr mesatar për 2-3 minuta.

- Shtoni të gjithë përbërësit e mbetur. Gatuani në zjarr të ulët për 30 minuta, duke e përzier herë pas here. Shërbejeni të nxehtë.

Pulë e mprehtë

Shërben 4

Përbërësit

8 shkopinj pule

2 lugë salcë djegëse jeshile

2 lugë vaj vegjetal të rafinuar

2 qepë të mëdha, të prera hollë

10 thelpinj hudhre, te grira holle

Kripë për shije

Majë sheqer

2 lugë uthull malti

Metoda

- Marinojeni pulën me salcën e djegës për 30 minuta.

- Ngrohni vajin në një tenxhere. Shtoni qepët dhe skuqini në nxehtësi mesatare derisa të jenë të tejdukshme.

- Shtoni hudhrën, pulën e marinuar dhe kripën. Përziejini mirë dhe ziejini në zjarr të ulët për 30 minuta, duke i përzier herë pas here.

- Shtoni sheqerin dhe uthullën. Përziejini mirë dhe shërbejeni të nxehtë.

Pulë Dilruba

(Pulë me lëng mishi të pasur)

Shërben 4

Përbërësit

5 lugë vaj vegjetal të rafinuar

20 bajame të bluara

20 arra shqeme, të bluara

2 qepë të vogla, të bluara

5cm/2 in rrënjë xhenxhefil, i grirë

1 kg/2¼ lb pule, e prerë në 8 copa

200 g/7oz kos

240 ml/6 ml qumësht

1 lugë gjelle garam masala

½ lugë shafran i Indisë

1 lugë spec djegës pluhur

Kripë për shije

1 majë shafran, të njomur në 1 lugë gjelle qumësht

2 lugë gjelle gjethe koriandër, të copëtuara

Metoda

- Ngrohni vajin në një tenxhere. Shtoni bajamet, arrat shqeme, qepët dhe xhenxhefilin. Skuqini në zjarr mesatar për 3 minuta.

- Shtoni pulën dhe kosin. Përziejini mirë dhe ziejini në zjarr mesatar për 20 minuta.

- Shtoni qumështin, garam masala, shafranin e Indisë, specin pluhur dhe kripën. Përziejini mirë. Mbulojeni me kapak dhe ziejini në zjarr të ulët për 20 minuta.

- Zbukuroni me gjethet e shafranit dhe korianderit. Shërbejeni të nxehtë.

Krahë pule të skuqura

Shërben 4

Përbërësit

¼ lugë shafran i Indisë

1 lugë gjelle garam masala

1 lugë çati masala*

Kripë për shije

1 vezë, të tundur

Vaj vegjetal i rafinuar për tiganisje të thellë

12 krahë pule

Metoda

- Përzieni së bashku shafranin e Indisë, garam masala, chaat masala, kripën dhe vezën për të bërë një brumë të butë.

- Ngrohni vajin në një tigan. Zhytni krahët e pulës në brumë dhe skuqini në nxehtësi mesatare deri në kafe të artë.

- Kullojeni në letër thithëse dhe shërbejeni të nxehtë.

Murgh Mussalam

(Pulë e mbushur)

Shërben 6

Përbërësit

- 2 lugë ghee
- 2 qepë të mëdha, të grira
- 4 bishtaja të zeza kardamom, të bluara
- 1 lugë fara lulekuqeje
- 50 g/1¾oz arrë kokosi të tharë

- 1 lugë topuz
- 1 kg/2¼ paund pule
- 4-5 lugë gjelle besane*
- 2-3 gjethe dafine
- 6-7 bishtaja kardamom jeshile
- 3 lugë pastë hudhre
- 200 g/7oz kos
- Kripë për shije

Metoda

- Ngrohni ½ lugë ghee në një tenxhere. Shtoni qepët dhe skuqini deri në kafe.

- Shtoni kardamonin, farat e lulekuqes, kokosin dhe topuzin. Skuqini për 3 minuta.

- Mbushni pulën me këtë përzierje dhe qepni hapjen. Le menjane.

- Ngrohni ghinë e mbetur në një tenxhere. Shtoni të gjithë përbërësit e mbetur dhe pulën. Ziejini për 1 orë e gjysmë, duke e përzier herë pas here. Shërbejeni të nxehtë.

Kënaqësi e pulës

Shërben 4

Përbërësit

4 lugë vaj vegjetal të rafinuar

Kanellë e bluar 5 cm/2 in

1 lugë gjelle pluhur kardamom

8 karafil të bluar

½ lugë arrëmyshk i grirë

2 qepë të mëdha, të bluara

10 thelpinj hudhre, te shtypura

Xhenxhefil 2,5 cm/1 inç rrënjë, i grirë

Kripë për shije

1 kg/2¼ lb pule, e prerë në 8 copa

200 g/7oz kos

300 g/10 oz pure domatesh

Metoda

- Ngrohni vajin në një tenxhere. Shtoni kanellën, kardamonin, karafilin, arrëmyshkun, qepët, hudhrën dhe xhenxhefilin. Skuqini në zjarr mesatar për 5 minuta.

- Shtoni kripën, pulën, kosin dhe purenë e domates. Përziejini mirë dhe ziejini për 40 minuta duke e përzier shpesh. Shërbejeni të nxehtë.

Pulë Salli

(Pulë me patate të skuqura)

Shërben 4

Përbërësit

    Kripë për shije

    1 lugë pastë xhenxhefili

    1 lugë pastë hudhre

    1 kg/2¼ lb pule, e copëtuar

    3 lugë vaj vegjetal të rafinuar

    2 qepë të mëdha, të grira hollë

    1 lugë sheqer

    4 domate të pjekura në pure

    1 lugë shafran i Indisë

    250 g/9oz patatet e thjeshta të kripura

Metoda

- Përzieni së bashku kripën, pastën e xhenxhefilit dhe pastën e hudhrës. Marinojeni pulën me këtë përzierje për 1 orë. Le menjane.

- Ngrohni vajin në një tenxhere. Skuqini qepët në zjarr të ulët deri në kafe.

- Shtoni pulën e marinuar dhe sheqerin, purenë e domates dhe shafranin e Indisë. Mbulojeni me kapak dhe ziejini për 40 minuta duke e përzier shpesh.

- I spërkasim sipër patatet dhe i shërbejmë të nxehtë.

Pulë e skuqur Tikka

Shërben 4

Përbërësit

1 kg/2¼ lb pulë pa kocka, e copëtuar

1 litër/1¾ litër qumësht

1 lugë çaji shafran

8 bishtaja kardamom jeshil

5 karafil

2.5 cm/1 in kanellë

2 gjethe dafine

250 g/9oz oriz Basmati

4 lugë fara kopër

Kripë për shije

150 g/5½oz kos

Vaj vegjetal i rafinuar për tiganisje të thellë

Metoda

- Përzieni pulën me qumështin, shafranin, kardamonin, karafilin, kanellën dhe gjethet e dafinës. Gatuani në një tenxhere në zjarr të ulët për 50 minuta. Le menjane.

- Grini orizin me farat e koprës, kripë dhe ujë të mjaftueshëm për të formuar një pastë të imët. Shtoni këtë pastë në kos dhe përzieni mirë.

- Ngrohni vajin në një tigan. Zhytni copat e pulës në përzierjen e kosit dhe skuqini në zjarr mesatar deri në kafe të artë. Shërbejeni të nxehtë.

Seekh pule

Shërben 4

Përbërësit

500g/1lb 2oz pulë, e grirë

10 thelpinj hudhre, te bluara

Xhenxhefil me rrënjë 5 cm/2 inç, i grirë

2 speca djegës të gjelbër, të grirë hollë

½ lugë fara qimnoni të zi

Kripë për shije

Metoda

- Përzieni mishin e grirë me të gjithë përbërësit dhe gatuajeni në një brumë të butë. Ndani këtë përzierje në 8 pjesë të barabarta.

- Skeleni dhe piqni në skarë për 10 minuta.

- Shërbejeni të nxehtë me chutney mente

Nadan Kozhikari

(Pulë me kopër dhe qumësht kokosi)

Shërben 4

Përbërësit

½ lugë shafran i Indisë

2 lugë pastë xhenxhefili

Kripë për shije

1 kg/2¼ lb pule, e prerë në 8 copa

1 lugë fara koriandër

3 speca djegës të kuq

1 lugë fara kopër

1 lugë fara sinapi

3 qepë të mëdha

3 lugë vaj vegjetal të rafinuar

750 ml/1¼ linte qumësht kokosi

250 ml/8 ml oz ujë

10 gjethe kerri

Metoda

- Përzieni shafranin e Indisë, pastën e xhenxhefilit dhe kripën për 1 orë. Marinojeni pulën me këtë përzierje për 1 orë.

- Pjekni në thatë farat e koriandrit, specat e kuq, farat e koprës dhe farat e mustardës. Përziejini me qepët dhe bluajeni në një masë të butë.

- Ngrohni vajin në një tenxhere. Shtoni pastën e qepës dhe skuqeni në zjarr të ulët për 7 minuta. Shtoni pulën e marinuar, qumështin e kokosit dhe ujin. Ziejini për 40 minuta. Shërbejeni të zbukuruar me gjethet e kerit.

Pula e mamit

Shërben 4

Përbërësit

3 lugë vaj vegjetal të rafinuar

5 cm/2 in kanellë

2 bishtaja kardamom jeshile

4 karafil

4 qepë të mëdha, të grira hollë

Xhenxhefil 2,5 cm/1 inç rrënjë, i grirë

8 thelpinj hudhre, te shtypura

3 domate të mëdha, të grira hollë

2 lugë koriandër të bluar

1 lugë shafran i Indisë

Kripë për shije

1 kg/2¼ lb pule, e prerë në 12 copa

500 ml/16 ml oz ujë

Metoda

- Ngrohni vajin në një tenxhere. Shtoni kanellën, kardamonin dhe karafilin. Lërini të shpërndahen për 15 sekonda.
- Shtoni qepët, xhenxhefilin dhe hudhrën. Skuqini në zjarr mesatar për 2 minuta.
- Shtoni përbërësit e mbetur, përveç ujit. Skuqini për 5 minuta.
- Hidhni në ujë. Përziejini mirë dhe ziejini për 40 minuta. Shërbejeni të nxehtë.

Pulë Methi

(Pulë e gatuar me gjethe fenugreek)

Shërben 4

Përbërësit

1 lugë pastë xhenxhefili

2 lugë pastë hudhre

2 lugë koriandër të bluar

½ lugë karafil të bluar

Lëng nga 1 limon

1 kg/2¼ lb pule, e prerë në 8 copa

4 lugë gjalpë

1 lugë çaji xhenxhefil të thatë pluhur

2 lugë gjelle gjethe të thata fenugree

50 g/1¾oz gjethe koriandër, të copëtuara

10 g/¼ oz gjethe nenexhiku, të prera imët

Kripë për shije

Metoda

- Përzieni pastën e xhenxhefilit, pastën e hudhrës, korianderin e bluar, karafilin dhe gjysmën e lëngut të limonit. Marinojeni pulën me këtë përzierje për 2 orë.
- Piqeni në furrë në 200°C (400°F, Gas Mark 6) për 50 minuta. Le menjane.
- Ngrohni gjalpin në një tenxhere. Shtoni pulën e pjekur dhe të gjithë përbërësit e mbetur. Hidheni mirë. Gatuani për 5-6 minuta dhe shërbejeni të nxehtë.

Kopshtet pikante të pulës

Shërben 4

Përbërësit

8-10 shkopinj pule, të shpuara të gjitha me një pirun

2 vezë, të tundura

100 g/3½oz bollgur

Vaj vegjetal i rafinuar për tiganisje të thellë

Për përzierjen e erëzave:

6 speca djegës të kuq

6 thelpinj hudhre

Xhenxhefil 2.5 cm/1 inç rrënjë

1 lugë gjelle gjethe koriandër, të copëtuara

6 karafil

15 kokrra piper te zi

Kripë për shije

4 lugë gjelle uthull malti

Metoda

- Grini përbërësit për përzierjen e erëzave në një pastë të lëmuar. Marinojini shkopinjtë me këtë pastë për një orë.

- Ngrohni vajin në një tigan. Zhytni shkopinjtë në vezë, rrotulloni në bollgur dhe skuqini në nxehtësi mesatare deri në kafe të artë. Shërbejeni të nxehtë.

Dieter's Chicken Curry

Shërben 4

Përbërësit

1 lugë pastë xhenxhefili

1 lugë pastë hudhre

200 g/7oz kos

1 lugë spec djegës pluhur

½ lugë shafran i Indisë

2 domate, të grira hollë

1 lugë gjelle koriandër të bluar

1 lugë çaji qimnon i bluar

1 lugë gjelle gjethe fenugreku të thata, të grimcuara

2 lugë gjelle garam masala

1 lugë turshi mango

Kripë për shije

750g/1lb 10oz pulë, e copëtuar

Metoda

- Përziejini së bashku të gjithë përbërësit, përveç mishit të pulës. Marinojeni pulën me këtë përzierje për 3 orë.
- E gatuajmë përzierjen në një tenxhere balte ose në një tenxhere në zjarr të ulët për 40 minuta. Shtoni ujë nëse kërkohet. Shërbejeni të nxehtë.

Pulë qiellore

Shërben 4

Përbërësit

4 lugë vaj vegjetal të rafinuar

1 kg/2¼ lb pule, e prerë në 8 copa

Kripë për shije

1 lugë piper

1 lugë shafran i Indisë

6 qepë të grira hollë

250 ml/8 ml oz ujë

Për përzierjen e erëzave:

1½ lugë pastë xhenxhefili

1½ lugë pastë hudhre

3 speca jeshil, të prerë dhe të prerë në feta

2 speca djegës të gjelbër

½ kokos i freskët, i grirë në rende

2 domate, të grira hollë

Metoda

- Bluani së bashku përbërësit e përzierjes së erëzave në një pastë të lëmuar.
- Ngrohni vajin në një tenxhere. Shtoni pastën dhe skuqeni në zjarr të ulët për 7 minuta. Shtoni përbërësit e mbetur, përveç ujit. Skuqini për 5 minuta. Shtoni ujin. Përziejini mirë dhe ziejini për 40 minuta. Shërbejeni të nxehtë.

Pulë Rizala

Shërben 4

Përbërësit

6 lugë vaj vegjetal të rafinuar

2 qepë të mëdha, të prera në feta për së gjati

1 lugë pastë xhenxhefili

1 lugë pastë hudhre

2 lugë fara lulekuqe, të bluara

1 lugë gjelle koriandër të bluar

2 speca jeshilë të mëdhenj, të grirë

360 ml/12 ml oz ujë

1 kg/2¼ lb pule, e prerë në 8 copa

6 bishtaja kardamom jeshile

5 karafil

200 g/7oz kos

1 lugë gjelle garam masala

Lëng nga 1 limon

Kripë për shije

Metoda

- Ngrohni vajin në një tenxhere. Shtoni qepët, pastën e xhenxhefilit, pastën e hudhrës, farat e lulekuqes dhe korianderin e bluar. Skuqini në zjarr të ulët për 2 minuta.
- Shtoni të gjithë përbërësit e mbetur dhe përziejini mirë. Mbulojeni me kapak dhe ziejini për 40 minuta duke e përzier herë pas here. Shërbejeni të nxehtë.

Surpriza e pulës

Shërben 4

Përbërësit

150 g/5½oz gjethe koriandër, të copëtuara

10 thelpinj hudhre

Xhenxhefil 2.5 cm/1 inç rrënjë

1 lugë gjelle garam masala

1 lugë gjelle pastë tamarindi

2 lugë fara qimnoni

1 lugë shafran i Indisë

4 lugë gjelle ujë

Kripë për shije

1 kg/2¼ lb pule, e prerë në 8 copa

Vaj vegjetal i rafinuar për tiganisje të thellë

2 vezë, të tundura

Metoda

- Grini të gjithë përbërësit, përveç pulës, vajit dhe vezëve, në një pastë të butë. Marinojeni pulën me këtë pastë për 2 orë.

- Ngrohni vajin në një tigan. Lyejeni secilën pjesë të pulës në vezë dhe skuqeni në nxehtësi mesatare deri në kafe. Shërbejeni të nxehtë.

Pulë me djathë

Shërben 4

Përbërësit

12 kope pule

4 lugë gjelle gjalpë

1 lugë pastë xhenxhefili

1 lugë pastë hudhre

2 qepë të mëdha, të grira hollë

1 lugë gjelle garam masala

Kripë për shije

200 g/7oz kos

Për marinadën:

1 lugë pastë xhenxhefili

1 lugë pastë hudhre

1 lugë gjelle lëng limoni

¼ lugë gjelle garam masala

4 lugë krem të vetëm

4 lugë djathë Cheddar, i grirë

Kripë për shije

Metoda

- Shponi shkopinjtë e daulleve të gjitha me një pirun. Përziejini së bashku të gjithë përbërësit e marinadës. Marinojini shkopinjtë me këtë përzierje për 8-10 orë.
- Ngrohni gjalpin në një tenxhere. Shtoni pastën e xhenxhefilit dhe pastën e hudhrës. Skuqini në zjarr mesatar për 1-2 minuta. Shtoni të gjithë përbërësit e mbetur, përveç kosit. Skuqini për 5 minuta.
- Shtoni shkopinjtë dhe kosin. Ziejini për 40 minuta. Shërbejeni të nxehtë.

Korma viçi

(Mish viçi i gatuar në një lëng mishi pikant)

Shërben 4

Përbërësit

4 lugë vaj vegjetal të rafinuar

2 qepë të mëdha, të grira hollë

675 g/1½ lb viçi, i prerë në copa 2,5 cm/1 inç

360 ml/12 ml oz ujë

½ lugë kanellë të bluar

120 ml/4 ml krem të vetëm

125 g/4½oz kos

1 lugë gjelle garam masala

Kripë për shije

10 g/¼ oz gjethe koriandër, të prera imët

Për përzierjen e erëzave:

1½ lugë fara koriandër

¾ lugë fara qimnoni

3 bishtaja kardamom jeshile

4 kokrra piper te zi

6 karafil

Xhenxhefil 2.5 cm/1 inç rrënjë

10 thelpinj hudhre

15 bajame

Metoda

- Përziejini të gjithë përbërësit e përzierjes së erëzave së bashku dhe grijini me ujë të mjaftueshëm për të formuar një pastë të lëmuar. Le menjane.
- Ngrohni vajin në një tenxhere. Shtoni qepët dhe skuqini në zjarr mesatar derisa të marrin ngjyrë kafe.
- Shtoni pastën e përzierjes së erëzave dhe mishin e viçit. Skuqini për 2-3 minuta. Shtoni ujin. Përziejini mirë dhe ziejini për 45 minuta.
- Shtoni kanellën e bluar, kremin, kosin, garam masala dhe kripën. Përziejini mirë për 3-4 minuta.
- Zbukurojmë kormën e viçit me gjethet e koriandrit. Shërbejeni të nxehtë.

Dhal Kheema

(I grirë me thjerrëza)

Shërben 4

Përbërësit

675 g/1½ lb qengji, i grirë

1 lugë pastë xhenxhefili

1 lugë pastë hudhre

3 qepë të mëdha, të grira hollë

360 ml/12 ml oz ujë

Kripë për shije

600g/1lb 5oz chana dhal*, zhytur në 250 ml/8 ml ujë për 30 minuta

½ lugë pastë tamarindi

60 ml/2 ml oz vaj vegjetal të rafinuar

4 karafil

2.5 cm/1 in kanellë

2 bishtaja kardamom jeshile

4 kokrra piper te zi

10 g/¼ oz gjethe koriandër, të prera imët

Për përzierjen e erëzave:

2 lugë fara koriandër

3 speca djegës të kuq

½ lugë shafran i Indisë

¼ lugë fara qimnoni

25 g/1 oz kokos i freskët, i grirë në rende

1 lugë fara lulekuqeje

Metoda

- Skuqini të gjithë përbërësit e përzierjes së erëzave së bashku. Grijeni këtë përzierje me ujë të mjaftueshëm për të formuar një pastë të lëmuar. Le menjane.
- Përzieni qengjin e grirë me pastën e xhenxhefilit, hudhrën, gjysmën e qepëve, ujin e mbetur dhe kripën. Gatuani në një tenxhere në zjarr mesatar për 40 minuta.
- Shtoni chana dhal së bashku me ujin në të cilin ishte lagur. Përziejini mirë. Ziejini për 10 minuta.
- Shtoni pastën e përzierjes së erëzave dhe pastën e tamarindës. Mbulojeni me kapak dhe ziejini për 10 minuta duke e përzier herë pas here. Le menjane.
- Ngrohni vajin në një tigan. Shtoni qepët e mbetura dhe skuqini në zjarr mesatar derisa të marrin ngjyrë kafe.
- Shtoni karafilin, kanellën, kardamonin dhe kokrrat e piperit. Skuqini për një minutë.
- E heqim nga zjarri dhe e derdhim direkt mbi përzierjen me mince-dhal. Përziejini mirë për një minutë.
- Zbukuroni dhal kheema-n me gjethet e korianderit. Shërbejeni të nxehtë.

Kari i derrit

Shërben 4

Përbërësit

500g/1lb 2oz derri, i prerë në copa 2,5cm/1in

1 lugë gjelle uthull malti

6 gjethe kerri

2.5 cm/1 in kanellë

3 karafil

500 ml/16 ml oz ujë

Kripë për shije

2 patate të mëdha, të prera në kubikë

3 lugë vaj vegjetal të rafinuar

1 lugë gjelle garam masala

Për përzierjen e erëzave:

1 lugë fara koriandër

1 lugë fara qimnoni

6 kokrra piper te zi

½ lugë shafran i Indisë

4 speca djegës të kuq

2 qepë të mëdha, të grira hollë

Xhenxhefil 2,5 cm/1 inç rrënjë, i prerë në feta

10 thelpinj hudhre, te prera ne feta

½ lugë pastë tamarindi

Metoda

- Përziejini së bashku të gjithë përbërësit për përzierjen e erëzave. Grini me ujë të mjaftueshëm për të formuar një pastë të lëmuar. Le menjane.
- Përzieni mishin e derrit me uthullën, gjethet e kerit, kanellën, karafilin, ujin dhe kripën. Gatuani këtë përzierje në një tenxhere në nxehtësi mesatare për 40 minuta.
- Shtoni patatet. Përziejini mirë dhe ziejini për 10 minuta. Le menjane.
- Ngrohni vajin në një tenxhere. Shtoni pastën e përzierjes së erëzave dhe skuqeni në zjarr mesatar për 3-4 minuta.
- Shtoni përzierjen e derrit dhe garam masala. Përziejini mirë. Mbulojeni me kapak dhe ziejini për 10 minuta duke e përzier herë pas here.
- Shërbejeni të nxehtë.

Shikampoore qebap

(qebap qengji)

Shërben 4

Përbërësit

3 qepë të mëdha

8 thelpinj hudhre

Xhenxhefil 2.5 cm/1 inç rrënjë

6 speca djegës të kuq të thatë

4 lugë ghee plus shtesë për tiganisje

1 lugë shafran i Indisë

1 lugë gjelle koriandër të bluar

½ lugë e grirë qimnon

10 bajame të bluara

10 fëstëkë të bluar

1 lugë gjelle garam masala

Majë kanellë të bluar

1 lugë gjelle karafil të bluar

1 lugë gjelle kardamom jeshil i bluar

2 lugë gjelle qumësht kokosi

Kripë për shije

1 lugë gjelle besane*

750g/1lb 10oz qengji, i grirë

200g/7oz kos grek

1 lugë gjelle gjethe mente, të grira hollë

Metoda

- Përziejini së bashku qepët, hudhrat, xhenxhefilin dhe specat djegës.
- Grijeni këtë përzierje me ujë të mjaftueshëm për të formuar një pastë të lëmuar.
- Ngrohni ghee në një tenxhere. Shtoni këtë pastë dhe skuqeni në zjarr mesatar për 1-2 minuta.
- Shtoni shafranin e Indisë, korianderin e bluar dhe qimnonin e bluar. Skuqini për një minutë.
- Shtoni bajamet e bluara, fëstëkët e bluar, garam masala, kanellën e bluar, karafilin e bluar dhe kardamonin. Vazhdoni të skuqeni për 2-3 minuta.
- Shtoni qumështin e kokosit dhe kripën. Përziejini mirë. Përziejini për 5 minuta.
- Shtoni besanin dhe mishin e grirë. Përziejini mirë. Ziejini për 30 minuta, duke e përzier herë pas here. E heqim nga zjarri dhe e lëmë të ftohet për 10 minuta.
- Pasi masa e grirë të jetë ftohur, ndajeni në 8 topa dhe rrafshoni secilin në një kotele. Le menjane.

- Rrihni mirë kosin me gjethet e mentes. Vendosni një lugë të madhe të kësaj përzierjeje në qendër të çdo koteleje të rrafshuar. Mbyllni si një qese, rrotullojeni në një top dhe rrafshoni përsëri.
- Ngroheni ghee në një tigan. Shtoni kotatet dhe skuqini në zjarr mesatar deri në kafe të artë. Shërbejeni të nxehtë.

Mish deleje speciale

Shërben 4

Përbërësit

5 lugë ghee

4 qepë të mëdha, të prera në feta

2 domate, të prera në feta

675 g/1½ lb mish deleje, i prerë në 3,5 cm/1½ pjesë

1 litër/1¾ litër ujë

Kripë për shije

Për përzierjen e erëzave:

10 thelpinj hudhre

3 speca djegës të gjelbër

3.5 cm/1½ në rrënjë xhenxhefil

4 karafil

2.5 cm/1 in kanellë

1 lugë fara lulekuqe

1 lugë fara qimnoni të zi

1 lugë fara qimnoni

2 bishtaja kardamom jeshile

2 lugë fara koriandër

7 kokrra piper

5 speca djegës të kuq të thatë

1 lugë shafran i Indisë

1 lugë gjelle chana dhal*

25 g/gjethe të pakta 1 oz nenexhik

25 g/1 oz gjethe koriandër të pakta

100 g/3½oz arrë kokosi të freskët, të grirë

Metoda

- Përziejini të gjithë përbërësit e përzierjes së erëzave së bashku dhe grijini me ujë të mjaftueshëm për të formuar një pastë të lëmuar. Le menjane.
- Ngrohni ghee në një tenxhere. Shtoni qepët dhe skuqini në zjarr mesatar derisa të marrin ngjyrë kafe.
- Shtoni pastën e përzierjes së erëzave. Skuqini për 3-4 minuta, duke e përzier herë pas here.
- Shtoni domatet dhe mishin e deles. Skuqini për 8-10 minuta. Shtoni ujin dhe kripën. Përziejini mirë, mbulojeni me kapak dhe ziejini për 45 minuta duke e përzier herë pas here. Shërbejeni të nxehtë.

Bërxolla të gjelbra Masala

Shërben 4

Përbërësit

750g/1lb 10oz bërxolla deleje

Kripë për shije

360ml/12fl oz vaj vegjetal të rafinuar

3 patate të mëdha, të prera në feta

5 cm/2 in kanellë

2 bishtaja kardamom jeshile

4 karafil

3 domate, të grira hollë

¼ lugë shafran i Indisë

120 ml/4 ml uthull

250 ml/8 ml oz ujë

Për përzierjen e erëzave:

3 qepë të mëdha

Xhenxhefil 2.5 cm/1 inç rrënjë

10-12 thelpinj hudhër

¼ lugë fara qimnoni

6 speca djegës të gjelbër, të prerë për së gjati

1 lugë fara koriandër

1 lugë fara qimnoni

50 g/1¾oz gjethe koriandër, të prera imët

Metoda

- Marinojeni mishin e deles me kripë për një orë.
- Përziejini së bashku të gjithë përbërësit e përzierjes së erëzave. Grini me ujë të mjaftueshëm për të formuar një pastë të lëmuar. Le menjane.
- Ngrohni gjysmën e vajit në një tigan. Shtoni patatet dhe skuqini në zjarr mesatar derisa të marrin ngjyrë kafe të artë. Kullojeni dhe lëreni mënjanë.
- Ngrohni vajin e mbetur në një tenxhere. Shtoni kanellën, kardamonin dhe karafilin. Lërini të shpërndahen për 20 sekonda.
- Shtoni pastën e përzierjes së erëzave. E skuqim në zjarr mesatar për 3-4 minuta.
- Shtoni domatet dhe shafranin e Indisë. Vazhdoni të skuqeni për 1-2 minuta.
- Shtoni uthullën dhe mishin e marinuar të deles. Skuqini për 6-7 minuta.
- Shtoni ujin dhe përziejini mirë. Mbulojeni me kapak dhe ziejini për 45 minuta duke e përzier herë pas here.
- Shtoni patatet e skuqura. Gatuani për 5 minuta, duke e përzier vazhdimisht. Shërbejeni të nxehtë.

Qebap me shtresa

Shërben 4

Përbërësit

120ml/4floz vaj vegjetal të rafinuar

100 g/3½oz thërrime buke

Për shtresën e bardhë:

450g/1lb djathë dhie, i kulluar

1 patate e madhe, e zier

½ lugë kripë

½ lugë piper i zi i bluar

½ lugë spec djegës pluhur

Lëng i gjysmë limoni

50 g/1¾oz gjethe koriandër, të copëtuara

Për shtresën e gjelbër:

200 g/7 oz spinaq

2 lugë gjelle mung dhal*

1 qepë e madhe, e grirë hollë

Xhenxhefil 2.5 cm/1 inç rrënjë

4 karafil

¼ lugë shafran i Indisë

1 lugë gjelle garam masala

Kripë për shije

250 ml/8 ml oz ujë

2 lugë gjelle besane*

Për shtresën e portokallit:

1 vezë, të tundur

1 qepë e madhe, e grirë hollë

1 lugë gjelle lëng limoni

¼ lugë e vogël ngjyrues ushqimor portokalli

Për shtresën e mishit:

500g/1lb 2oz mish, i grirë

150 g/5½oz mung dhal*, ngjyhet për 1 orë

Xhenxhefil me rrënjë 5cm/2in

6 thelpinj hudhre

6 karafil

1 lugë qimnon i bluar

1 lugë spec djegës pluhur

10 kokrra piper te zi

600 ml/1 litër ujë

Metoda

- Përziejini dhe përzieni përbërësit e shtresës së bardhë me pak kripë. Le menjane.

- Përziejini së bashku të gjithë përbërësit e shtresës së gjelbër, përveç besanit. Gatuani në një tenxhere në zjarr të ulët për 45 minuta. E grijmë me besan dhe e lëmë mënjanë.
- Përziejini të gjithë përbërësit për shtresën e portokallit me pak kripë. Le menjane.
- Për shtresën e mishit përzieni të gjithë përbërësit me pak kripë dhe ziejini në një tenxhere në zjarr mesatar për 40 minuta. Ftoheni dhe bëni pure.
- Ndani çdo përzierje shtresë në 8 pjesë. Rrokullisni në topa dhe rrihni lehtë për të formuar kotelet. Vendosni 1 kotëletë nga secila shtresë mbi tjetrën, në mënyrë që të keni tetë peta me 4 shtresa. Shtypni lehtë në qebap në formë të zgjatur.
- Ngrohni vajin në një tigan. Rrotulloni qebapët në thërrimet e bukës dhe skuqini në zjarr mesatar derisa të marrin ngjyrë kafe të artë. Shërbejeni të nxehtë.

Barrah Champ

(Butrat e qengjit të pjekur)

Shërben 4

Përbërësit

1 lugë pastë xhenxhefili

1 lugë pastë hudhre

3 lugë gjelle uthull malti

675 g/1½ lb bërxolla qengji

400g/14oz kos grek

1 lugë shafran i Indisë

4 speca djegës të gjelbër, të grirë hollë

½ lugë spec djegës pluhur

1 lugë gjelle koriandër të bluar

1 lugë çaji qimnon i bluar

1 lugë kanellë të bluar

¾ lugë karafil të bluar

Kripë për shije

1 lugë gjelle chaat masala*

Metoda

- Përzieni pastën e xhenxhefilit dhe hudhrën me uthull. Marinojeni qengjin me këtë përzierje për 2 orë.
- Përziejini së bashku të gjithë përbërësit e mbetur, përveç chaat masala. Marinojini bërxollat e qengjit me këtë përzierje për 4 orë.
- I grijmë bërxollat dhe i pjekim në furrë në temperaturën 200°C (400°F, Gas Mark 6) për 40 minuta.
- E zbukurojmë me chaat masala dhe e servirim të nxehtë.

Turshi i Qengjit

Shërben 4

Përbërësit

10 speca djegës të kuq të thatë

10 thelpinj hudhre

3.5 cm/1½ në rrënjë xhenxhefil

Kripë për shije

750 ml/1¼ litër ujë

2 lugë kos

675 g/1½ lb qengji, i prerë në copa 2,5 cm/1 inç

250ml/8fl oz vaj vegjetal të rafinuar

1½ lugë shafran i Indisë

1 lugë fara koriandër

10 kokrra piper te zi

3 bishtaja të zeza kardamom

4 karafil

3 gjethe dafine

1 lugë topuz i grirë

¼ lugë arrëmyshk i grirë

1 lugë fara qimnoni

½ lugë fara sinapi

100 g/3½oz arrë kokosi të tharë

½ lugë çaji asafoetida

Lëng nga 1 limon

Metoda

- Përzieni së bashku specat e kuq, hudhrën, xhenxhefilin dhe kripën. Grini me ujë të mjaftueshëm për të formuar një pastë të lëmuar.
- Përzieni këtë pastë me kosin. Marinojeni mishin me këtë përzierje për 1 orë.
- Ngrohni gjysmën e vajit në një tenxhere. Shtoni shafranin e Indisë, farat e koriandrit, kokrrat e piperit, kardamonin, karafilin, gjethet e dafinës, topuzin, arrëmyshkun, farat e qimnonit, farat e mustardës dhe kokosin. Skuqini në zjarr mesatar për 2-3 minuta.
- Grini përzierjen me ujë të mjaftueshëm për të formuar një pastë të trashë.
- Shtoni vajin e mbetur në një tenxhere. Shtoni asafoetida. Lëreni të shpërndahet për 10 sekonda.
- Shtoni pastën e bluar të farave të shafranit të Indisë-korianderit. Skuqini në zjarr mesatar për 3-4 minuta.
- Shtoni qengjin e marinuar dhe ujin e mbetur. Përziejini mirë. Mbulojeni me kapak dhe ziejini për 45 minuta. Lëreni mënjanë të ftohet.
- Shtoni lëngun e limonit dhe përzieni tërësisht. Ruajeni turshinë e qengjit në një enë hermetike.

Goan Lamb Curry

Shërben 4

Përbërësit

240 ml/6 ml oz vaj vegjetal të rafinuar

4 qepë të mëdha, të grira hollë

1 lugë shafran i Indisë

4 domate të pjekura në pure

675 g/1½ lb qengji, i prerë në copa 2,5 cm/1 inç

4 patate të mëdha, të prera në kubikë

600 ml/1 litër qumësht kokosi

120 ml/4 ml oz ujë

Kripë për shije

Për përzierjen e erëzave:

4 bishtaja kardamom jeshile

5 cm/2 in kanellë

6 kokrra piper te zi

1 lugë fara qimnoni

2 karafil

6 speca djegës të kuq

1 anise yll

50 g/1¾oz gjethe koriandër, të prera imët

3 speca djegës të gjelbër

1 lugë pastë xhenxhefili

1 lugë pastë hudhre

Metoda

- Për të përgatitur përzierjen e erëzave, skuqni kardamonin, kanellën, kokrrat e specit, farat e qimnonit, karafilin, specat e kuq dhe aniseun për 3-4 minuta.
- Bluajeni këtë përzierje me përbërësit e mbetur të përzierjes së erëzave dhe ujë të mjaftueshëm për të formuar një pastë të lëmuar. Le menjane.
- Ngrohni vajin në një tenxhere. Shtoni qepët dhe skuqini në zjarr mesatar derisa të bëhen të tejdukshme.
- Shtoni shafranin e Indisë dhe purenë e domates. Skuqini për 2 minuta.
- Shtoni pastën e përzierjes së erëzave. Vazhdoni të skuqeni për 4-5 minuta.
- Shtoni mishin e qengjit dhe patatet. Skuqini për 5-6 minuta.
- Shtoni qumështin e kokosit, ujin dhe kripën. Përziejini mirë. Mbuloni me kapak dhe gatuajeni përzierjen në zjarr të ulët për 45 minuta, duke e përzier herë pas here. Shërbejeni të nxehtë.

Mish Bagara

(Mish i gatuar me lëng mishi të pasur indian)

Shërben 4

Përbërësit

120ml/4floz vaj vegjetal të rafinuar

3 speca djegës të kuq

1 lugë fara qimnoni

10 gjethe kerri

2 qepë të mëdha

½ lugë shafran i Indisë

1 lugë spec djegës pluhur

1 lugë gjelle koriandër të bluar

1 lugë pastë tamarindi

1 lugë gjelle garam masala

500g/1lb 2oz mish deleje, të prerë në kubikë

Kripë për shije

500 ml/16 ml oz ujë

Për përzierjen e erëzave:

2 lugë fara susami

2 lugë arrë kokosi të freskët, të grirë

2 lugë kikirikë

Xhenxhefil 2.5 cm/1 inç rrënjë

8 thelpinj hudhre

Metoda

- Përziejini së bashku përbërësit për përzierjen e erëzave. Grijeni këtë përzierje me ujë të mjaftueshëm për të formuar një pastë të lëmuar. Le menjane.
- Ngrohni vajin në një tenxhere. Shtoni specat e kuq, farat e qimnonit dhe gjethet e kerit. Lërini të shpërndahen për 15 sekonda.
- Shtoni qepët dhe pastën e përzierjes së erëzave. Skuqini në zjarr mesatar për 4-5 minuta.
- Shtoni përbërësit e mbetur, përveç ujit. Skuqini për 5-6 minuta.
- Shtoni ujin. Përziejini mirë. Mbulojeni me kapak dhe ziejini për 45 minuta. Shërbejeni të nxehtë.

Mëlçia në qumështin e kokosit

Shërben 4

Përbërësit

750g/1lb 10oz mëlçi, e prerë në copa 2,5cm/1in

½ lugë shafran i Indisë

Kripë për shije

500 ml/16 ml oz ujë

5 lugë vaj vegjetal të rafinuar

3 qepë të mëdha, të grira hollë

1 lugë gjelle xhenxhefil, i grirë imët

1 lugë thelpinj hudhre, të prera imët

6 speca djegës të gjelbër, të prerë për së gjati

3 patate të mëdha, të prera në copa 2,5 cm/1 inç

1 lugë gjelle uthull malti

500 ml/16 ml qumësht kokosi

Për përzierjen e erëzave:

3 speca djegës të kuq të thatë

2.5 cm/1 in kanellë

4 bishtaja kardamom jeshile

1 lugë fara qimnoni

8 kokrra piper te zi

Metoda

- Përzieni mëlçinë me shafranin e Indisë, kripën dhe ujin. Gatuani në një tenxhere në zjarr mesatar për 40 minuta. Le menjane.
- Përziejini të gjithë përbërësit e përzierjes së erëzave së bashku dhe grijini me ujë të mjaftueshëm për të formuar një pastë të lëmuar. Le menjane.
- Ngrohni vajin në një tenxhere. Shtoni qepët dhe skuqini në zjarr mesatar derisa të bëhen të tejdukshme.
- Shtoni xhenxhefilin, hudhrën dhe specat jeshilë. Skuqini për 2 minuta.
- Shtoni pastën e përzierjes së erëzave. Vazhdoni të skuqeni për 1-2 minuta.
- Shtoni përzierjen e mëlçisë, patatet, uthullën dhe qumështin e kokosit. Përziejini mirë për 2 minuta. Mbulojeni me kapak dhe ziejini për 15 minuta, duke e përzier herë pas here. Shërbejeni të nxehtë.

Masala e qengjit me kos

Shërben 4

Përbërësit

200 g/7oz kos

Kripë për shije

675 g/1½ lb qengji, i prerë në copa 2,5 cm/1 inç

4 lugë vaj vegjetal të rafinuar

3 qepë të mëdha, të grira hollë

3 karota, të prera në kubikë

3 domate, të grira hollë

120 ml/4 ml oz ujë

Për përzierjen e erëzave:

25 g/1 oz gjethe koriandër të pakta, të grira imët

¼ lugë shafran i Indisë

Xhenxhefil 2.5 cm/1 inç rrënjë

2 speca djegës të gjelbër

8 thelpinj hudhre

4 bishtaja kardamom

4 karafil

5 cm/2 in kanellë

3 gjethe kerri

¾ lugë shafran i Indisë

2 lugë koriandër të bluar

1 lugë spec djegës pluhur

½ lugë pastë tamarindi

Metoda

- Përziejini së bashku të gjithë përbërësit e përzierjes së erëzave. Grini me ujë të mjaftueshëm për të formuar një pastë të lëmuar.
- Përzieni pastën tërësisht me kosin dhe kripën. Marinojeni qengjin me këtë përzierje për 1 orë.
- Ngrohni vajin në një tenxhere. Shtoni qepët dhe skuqini në zjarr mesatar derisa të bëhen të tejdukshme.
- Shtoni karotat dhe domatet dhe skuqini për 3-4 minuta.
- Shtoni qengjin e marinuar dhe ujin. Përziejini mirë. Mbulojeni me kapak dhe ziejini për 45 minuta duke e përzier herë pas here. Shërbejeni të nxehtë.

Korma në Khada Masala

(Qengji pikant me lëng mishi të trashë)

Shërben 4

Përbërësit

75 g/2½ oz ghy

3 bishtaja të zeza kardamom

6 karafil

2 gjethe dafine

½ lugë fara qimnoni

2 qepë të mëdha, të prera në feta

3 speca djegës të kuq të thatë

2.5cm/1in xhenxhefil rrënjë, i grirë imët

20 thelpinj hudhre

5 speca djegës të gjelbër, të prerë për së gjati

675 g/1½ lb mish deleje, i prerë në kubikë

½ lugë spec djegës pluhur

2 lugë koriandër të bluar

6-8 qepe, të qëruara

200 g/7oz bizele të konservuara

750 ml/1¼ floz ujë

Majë shafran, të tretur në 2 lugë gjelle ujë të ngrohtë

Kripë për shije

1 lugë çaji lëng limoni

200 g/7oz kos

1 lugë gjelle gjethe koriandër, të prera imët

4 vezë të ziera fort, të përgjysmuara

Metoda

- Ngrohni ghee në një tenxhere. Shtoni kardamonin, karafilin, gjethet e dafinës dhe farat e qimnonit. Lërini të shpërndahen për 30 sekonda.
- Shtoni qepët dhe skuqini në zjarr mesatar derisa të marrin ngjyrë kafe.
- Shtoni specat e kuq të thatë, xhenxhefilin, hudhrën dhe specat jeshilë. Skuqini për një minutë.
- Shtoni mishin e deles. Skuqini për 5-6 minuta.
- Shtoni pluhurin e djegës, korianderin e bluar, qepujt dhe bizelet. Vazhdoni të skuqeni për 3-4 minuta.
- Shtoni ujin, përzierjen e shafranit, kripën dhe lëngun e limonit. Përziejini mirë për 2-3 minuta. Mbulojeni me kapak dhe ziejini për 20 minuta.
- Zbuloni tavën dhe shtoni kosin. Përziejini mirë. Mbulojeni përsëri dhe vazhdoni të ziejë për 20-25 minuta, duke e përzier herë pas here.
- Zbukuroni me gjethet e korianderit dhe vezët. Shërbejeni të nxehtë.

Kerri i Qengjit dhe Veshkave

Shërben 4

Përbërësit

5 lugë gjelle vaj vegjetal të rafinuar plus shtesë për tiganisje të thellë

4 patate të mëdha, të prera në shirita të gjatë

3 qepë të mëdha, të grira hollë

3 domate të mëdha, të grira hollë

¼ lugë shafran i Indisë

1 lugë spec djegës pluhur

2 lugë koriandër të bluar

1 lugë çaji qimnon i bluar

25 arra shqeme, të grimcuara trashë

4 veshka të prera në kubikë

500g/1lb 2oz qengji, i prerë në copa 5cm/2in

Lëng nga 1 limon

1 lugë piper i zi i bluar

Kripë për shije

500 ml/16 ml oz ujë

4 vezë të ziera fort, të prera në katër pjesë

10 g/¼ oz gjethe koriandër, të prera imët

Për përzierjen e erëzave:

1½ lugë pastë xhenxhefili

1½ lugë pastë hudhre

4-5 speca djegës të gjelbër

4 bishtaja kardamom

6 karafil

1 lugë qimnon i zi

1½ lugë gjelle uthull malti

Metoda

- Përziejini së bashku të gjithë përbërësit për përzierjen e erëzave dhe grijini me ujë të mjaftueshëm për të formuar një pastë të lëmuar. Le menjane.
- Ngrohni vajin për tiganisje të thellë në një tigan. Shtoni patatet dhe skuqini në zjarr mesatar për 3-4 minuta. Kullojini dhe lërini mënjanë.
- Ngrohni 5 lugë vaj në një tenxhere. Shtoni qepët dhe skuqini në zjarr mesatar derisa të bëhen të tejdukshme.
- Shtoni pastën e përzierjes së erëzave. Skuqini për 2-3 minuta, duke e përzier shpesh.
- Shtoni domatet, shafranin e Indisë, pluhurin e djegës, korianderin e bluar dhe qimnonin e bluar. Vazhdoni të skuqeni për 2-3 minuta.

- Shtoni arrat shqeme, veshkat dhe qengjin. Skuqini për 6-7 minuta.
- Shtoni lëngun e limonit, piperin, kripën dhe ujin. Përziejini mirë. Mbulojeni me kapak dhe ziejini për 45 minuta duke e përzier herë pas here.
- E zbukurojmë me vezë dhe gjethe koriandër. Shërbejeni të nxehtë.

Gosht Gulfaam

(Mish deleje me djathë dhie)

Shërben 4

Përbërësit

675 g/1½ lb mish deleje pa kocka

300g/10oz djathë dhie, i kulluar

200g/7oz khoya*

150 g/5½oz fruta të thata të përziera, të grira hollë

6 speca djegës të gjelbër, të grirë hollë

25 g/të pakta 1 oz gjethe koriandër, të prera imët

2 vezë të ziera fort

Për salcën:

¾ lugë gjelle vaj vegjetal të rafinuar

3 qepë të mëdha, të grira hollë

5 cm/2 in rrënjë xhenxhefil, i prerë imët

10 thelpinj hudhre, te grira holle

3 domate, të grira hollë

1 lugë spec djegës pluhur

120 ml/4 ml lëng mishi qengji

Kripë për shije

Metoda

- Lyejeni mishin e deles derisa të ngjajë me një biftek.
- Përzieni së bashku djathin e dhisë, khoya, frutat e thata, specat e gjelbër dhe gjethet e korianderit. Ziejeni këtë përzierje në një brumë të butë.
- Përhapeni brumin mbi mishin e deles së rrafshuar dhe vendosni vezët në qendër.
- Rrotulloni fort mishin e deles në mënyrë që brumi dhe vezët të mbeten brenda. Mbështilleni në letër dhe piqini në furrë në 180°C (350°F, Gas Mark 4) për 1 orë. Le menjane.
- Për të përgatitur salcën, ngrohni vajin në një tenxhere. Shtoni qepët dhe skuqini në zjarr mesatar derisa të bëhen të tejdukshme.
- Shtoni xhenxhefilin dhe hudhrën. Skuqini për një minutë.
- Shtoni domatet dhe pluhurin e djegës. Vazhdoni të skuqeni për 2 minuta, duke e përzier shpesh.
- Shtoni lëngun dhe kripën. Përziejini mirë. Ziejini për 10 minuta, duke e përzier herë pas here. Le menjane.
- Pritini rolenë e mishit të pjekur në feta dhe vendosni fetat në një enë për servirje. I hedhim salcën dhe i shërbejmë të nxehtë.

Qengji Do Pyaaza

(Qingji me qepë)

Shërben 4

Përbërësit

120ml/4floz vaj vegjetal të rafinuar

1 lugë shafran i Indisë

3 gjethe dafine

4 karafil

5 cm/2 in kanellë

6 speca djegës të kuq të thatë

4 bishtaja kardamom jeshile

6 qepë të mëdha, 2 të grira, 4 të prera në feta

3 lugë gjelle pastë xhenxhefili

3 lugë pastë hudhre

2 domate, të grira hollë

8 qepe, të përgjysmuara

2 lugë gjelle garam masala

2 lugë koriandër të bluar

4 lugë qimnon të bluar

1½ lugë topuz i grirë

½ arrëmyshk i grirë

2 lugë piper i zi i bluar

Kripë për shije

675 g/1½ lb qengji, i prerë në kubikë

250 ml/8 ml oz ujë

10 g/¼ oz gjethe koriandër, të prera imët

Xhenxhefil me rrënjë 2,5 cm/1 inç, i grirë

Metoda

- Ngrohni vajin në një tenxhere. Shtoni shafranin e Indisë, gjethet e dafinës, karafilin, kanellën, specat e kuq dhe kardamonin. Lërini të shpërndahen për 30 sekonda.
- Shtoni qepët e grira. I skuqim në zjarr mesatar derisa të bëhen të tejdukshme.
- Shtoni pastën e xhenxhefilit dhe pastën e hudhrës. Skuqini për një minutë.
- Shtoni domatet, qepujt, garam masala, koriandër të bluar, qimnon të bluar, topuz, arrëmyshk, piper dhe kripë. Vazhdoni të skuqeni për 2-3 minuta.
- Shtoni mishin e qengjit dhe qepët e prera në feta. Përziejini mirë dhe skuqeni për 6-7 minuta.
- Shtoni ujin dhe përzieni për një minutë. Mbulojeni me kapak dhe ziejini për 30 minuta duke e përzier herë pas here.
- Dekoroni me gjethet e koriandërit dhe xhenxhefilin. Shërbejeni të nxehtë.

Peshku i skuqur me qëlloj

Shërben 4

Përbërësit

1 kg/2¼ £ peshk murg, i pastruar me lëkurë dhe fileto

½ lugë shafran i Indisë

Kripë për shije

125 g/4½oz besane*

3 lugë gjelle thërrime buke

½ lugë spec djegës pluhur

½ lugë piper i zi i bluar

1 djegës jeshil, i grirë

1 lugë fara ajovani

3 lugë gjelle gjethe koriandër të copëtuara

500 ml/16 ml oz ujë

Vaj vegjetal i rafinuar për tiganisje të thellë

Metoda

- Marinojini peshkun me shafran të Indisë dhe kripë për 30 minuta.

- Përziejini së bashku përbërësit e mbetur, përveç vajit, për të formuar një brumë.

- Ngrohni vajin në një tigan. Lyejeni peshkun e marinuar në brumë dhe skuqeni në nxehtësi mesatare deri në kafe të artë.

- Kullojeni në letër thithëse dhe shërbejeni të nxehtë.

Peshku Caldine

(Peshku i stilit Goan)

Shërben 4

Përbërësit

3 lugë vaj vegjetal të rafinuar

3 qepë të mëdha, të prera hollë

6 speca djegës të gjelbër, të prerë për së gjati

750 g/1 lb 10 oz levrek me fileto, i copëtuar

1 lugë çaji qimnon i bluar

1 lugë shafran i Indisë

1 lugë pastë xhenxhefili

1 lugë pastë hudhre

360 ml/12 ml qumësht kokosi

2 lugë pastë tamarindi

Kripë për shije

Metoda

- Ngrohni vajin në një tenxhere. Shtoni qepët dhe skuqini në zjarr të ulët derisa të marrin ngjyrë.

- Shtoni specat e gjelbër, peshkun, qimnonin e bluar, shafranin e Indisë, pastën e xhenxhefilit, pastën e hudhrës dhe qumështin e kokosit. Përziejini mirë dhe ziejini për 10 minuta.

- Shtoni pastën e tamarindës dhe kripën. Përziejini mirë dhe ziejini për 15 minuta. Shërbejeni të nxehtë.

Karkaleci dhe vezë

Shërben 4

Përbërësit

3 lugë vaj vegjetal të rafinuar

2 karafil

2.5 cm/1 in kanellë

6 kokrra piper te zi

2 gjethe dafine

1 qepë e madhe, e grirë hollë

½ lugë shafran i Indisë

1 lugë pastë xhenxhefili

1 lugë pastë hudhre

1 lugë gjelle garam masala

12 karkaleca deti të mëdha, të prera dhe të hequra nga venat

Kripë për shije

200 g/7oz pure domatesh

120 ml/4 ml oz ujë

4 vezë të ziera fort, të përgjysmuara për së gjati

Metoda

- Ngrohni vajin në një tenxhere. Shtoni karafilin, kanellën, kokrrat e piperit dhe gjethet e dafinës. Lërini të shpërndahen për 15 sekonda.

- Shtoni përbërësit e mbetur, përveç puresë së domates, ujit dhe vezëve. Skuqeni në zjarr mesatar për 6-7 minuta. Shtoni purenë e domates dhe ujin. Ziejini për 10-12 minuta.

- Shtoni vezët me kujdes. Ziejini për 4-5 minuta. Shërbejeni të nxehtë.

Moli i peshkut

(Peshku i gatuar në Curry Basic Simple)

Shërben 4

Përbërësit

2 lugë ghee

1 qepë e vogël, e grirë hollë

4 thelpinj hudhre, te prera holle

Xhenxhefil 2,5 cm/1 inç rrënjë, i prerë imët

6 speca djegës të gjelbër, të prerë për së gjati

1 lugë shafran i Indisë

Kripë për shije

750 ml/1¼ linte qumësht kokosi

1 kg/2¼ lb levreku, i pastruar me lëkurë dhe fileto

Metoda

- Ngrohni ghee në një tenxhere. Shtoni qepën, hudhrën, xhenxhefilin dhe ftonjtë. Skuqini në zjarr të ulët për 2 minuta. Shtoni shafranin e Indisë. Gatuani për 3-4 minuta.

- Shtoni kripën, qumështin e kokosit dhe peshkun. Përziejini mirë dhe ziejini për 15-20 minuta. Shërbejeni të nxehtë.

Karkaleca deti Bharta

(Krakaleca të gatuara me lëng mishi klasik indian)

Shërben 4

Përbërësit

100 ml/3½ ml vaj mustarde

1 lugë fara qimnoni

1 qepë e madhe, e grirë

1 lugë shafran i Indisë

1 lugë gjelle garam masala

2 lugë pastë xhenxhefili

2 lugë pastë hudhre

2 domate, të grira hollë

3 speca djegës të gjelbër, të prerë për së gjati

750g/1lb 10oz karkaleca deti, të prera dhe të pavena

250 ml/8 ml oz ujë

Kripë për shije

Metoda

- Ngrohni vajin në një tenxhere. Shtoni farat e qimnonit. Lërini të shpërndahen për 15 sekonda. Shtoni qepën dhe skuqeni në zjarr mesatar deri në kafe.

- Shtoni të gjithë përbërësit e mbetur. Ziejini për 15 minuta dhe shërbejeni të nxehtë.

Peshk & Perime pikante

Shërben 4

Përbërësit

2 lugë gjelle vaj mustarde

500g/1lb 2oz taban limoni, i pastruar me lëkurë dhe fileto

¼ lugë fara sinapi

¼ lugë fara kopër

¼ luge fara fenugreek

¼ lugë fara qimnoni

2 gjethe dafine

½ lugë shafran i Indisë

2 speca djegës të kuq të thatë, të përgjysmuar

1 qepë e madhe, e prerë hollë

200 g/7oz perime të përziera të ngrira

360 ml/12 ml oz ujë

Kripë për shije

Metoda

- Ngrohni vajin në një tenxhere. Shtoni peshkun dhe skuqeni në nxehtësi mesatare deri në kafe të artë. Kthejeni dhe përsërisni. Kullojeni dhe lëreni mënjanë.

- Në të njëjtin vaj shtoni farat e mustardës, koprës, fenugrekut dhe qimnonit, gjethet e dafinës, shafranin e Indisë dhe ftonjtë e kuq. Skuqini për 30 sekonda.

- Shtoni qepën. Skuqini në zjarr mesatar për 1 minutë. Shtoni përbërësit e mbetur dhe peshkun e skuqur. Ziejini për 30 minuta dhe shërbejeni të nxehtë.

Kotele skumbri

Shërben 4

Përbërësit

4 skumbri i madh, i pastruar

Kripë për shije

½ lugë shafran i Indisë

2 lugë uthull malti

250 ml/8 ml oz ujë

1 lugë gjelle vaj vegjetal të rafinuar plus shtesë për tiganisje të cekët

2 qepë të mëdha, të grira hollë

1 lugë pastë xhenxhefili

1 lugë pastë hudhre

1 domate e grirë hollë

1 lugë piper i zi i bluar

1 vezë, të tundur

10 g/¼ oz gjethe koriandër, të copëtuara

3 feta buke te njomura dhe te shtrydhura

60 g/2oz miell orizi

Metoda

- Gatuani skumbrin në një tenxhere me kripë, shafran të Indisë, uthull dhe ujë në zjarr mesatar për 15 minuta. De-kockat dhe pure. Le menjane.

- Ngrohni 1 lugë gjelle vaj në një tenxhere. Skuqini qepët në zjarr të ulët deri në kafe.

- Shtoni pastën e xhenxhefilit, pastën e hudhrës dhe domaten. Skuqeni për 4-5 minuta.

- Shtoni piper dhe kripë dhe hiqeni nga zjarri. Përziejini me peshkun e grirë, vezën, gjethet e koriandërit dhe bukën. Ziejini dhe formoni 8 kotele.

- Ngrohni vajin në një tigan. Rrotulloni kotatet në miell orizi dhe skuqini në nxehtësi mesatare për 4-5 minuta. Kthejeni dhe përsërisni. Shërbejeni të nxehtë.

Gaforrja Tandoori

Shërben 4

Përbërësit

2 lugë pastë xhenxhefili

2 lugë pastë hudhre

2 lugë gjelle garam masala

1 lugë gjelle lëng limoni

125 g/4½oz kos grek

Kripë për shije

4 gaforre të pastruara

1 lugë gjelle vaj vegjetal të rafinuar

Metoda

- Përziejini të gjithë përbërësit së bashku përveç gaforreve dhe vajit. Marinojini gaforret me këtë përzierje për 3-4 orë.
- Lyejeni gaforren e marinuar me vaj. Piqeni në skarë për 10-15 minuta. Shërbejeni të nxehtë.

Peshku i mbushur

Shërben 4

Përbërësit

2 lugë gjelle vaj vegjetal të rafinuar plus shtesë për tiganisje të cekët

1 qepë e madhe, e grirë hollë

1 domate e madhe, e grire holle

1 lugë pastë xhenxhefili

1 lugë pastë hudhre

1 lugë gjelle koriandër të bluar

1 lugë çaji qimnon i bluar

Kripë për shije

1 lugë shafran i Indisë

2 lugë gjelle uthull malti

1 kg/2¼ lb salmon, i prerë në bark

25 g/1 oz thërrime buke të pakta

Metoda

- Ngrohni 2 lugë gjelle vaj në një tenxhere. Shtoni qepën dhe skuqeni në zjarr të ngadaltë deri në kafe. Shtoni përbërësit e mbetur, përveç uthullës, peshkut dhe bukës. Skuqeni për 5 minuta.
- Shtoni uthullën. Ziejini për 5 minuta. Mbushni peshkun me përzierjen.
- Ngrohni vajin e mbetur në një tigan. Rrotulloni peshkun në thërrimet e bukës dhe skuqeni në nxehtësi mesatare deri në kafe të artë. Kthejeni dhe përsërisni. Shërbejeni të nxehtë.

Karkaleca dhe lulelakra

Shërben 4

Përbërësit

10 lugë vaj vegjetal të rafinuar

1 qepë e madhe, e grirë hollë

¾ lugë shafran i Indisë

250 g/9oz karkaleca deti, të prera dhe të pa vena

200 g/7oz lulelakër lulesh

Kripë për shije

Për përzierjen e erëzave:

1 lugë fara koriandër

1 lugë gjelle garam masala

5 speca djegës të kuq

Xhenxhefil 2.5 cm/1 inç rrënjë

8 thelpinj hudhre

60 g/2oz arrë kokosi të freskët

Metoda

- Ngrohni gjysmën e vajit në një tigan. Shtoni përbërësit e përzierjes së erëzave dhe skuqeni në zjarr mesatar për 5 minuta. Bluajeni në një pastë të trashë. Le menjane.
- Ngrohni vajin e mbetur në një tenxhere. Skuqini qepën në nxehtësi mesatare derisa të jetë e tejdukshme. Shtoni të gjithë përbërësit e mbetur dhe pastën e erëzave.
- Ziejini për 15-20 minuta, duke e përzier herë pas here. Shërbejeni të nxehtë.

molusqe të skuqura

Shërben 4

Përbërësit

500g/1lb 2oz molusqe, të pastruara

6 lugë vaj vegjetal të rafinuar

2 qepë të mëdha, të grira hollë

1 lugë shafran i Indisë

1 lugë gjelle garam masala

2 lugë pastë xhenxhefili

2 lugë pastë hudhre

10 g/¼ oz gjethe koriandër, të copëtuara

6 kokum*

Kripë për shije

250 ml/8 ml oz ujë

Metoda

- Ziejini molusqet me avull për 25 minuta. Le menjane.
- Ngrohni vajin në një tenxhere. Skuqini qepët në zjarr të ulët deri në kafe.
- Shtoni përbërësit e mbetur, përveç ujit. Skuqeni për 5-6 minuta.
- Shtoni molusqet e ziera me avull dhe ujin. Mbulojeni me kapak dhe ziejini për 10 minuta. Shërbejeni të nxehtë.

Karkaleca të skuqura në qëlloj

Shërben 4

Përbërësit

250 g/9oz karkaleca, të qëruara

250 g/9oz besan*

2 speca djegës të gjelbër, të grirë hollë

1 lugë spec djegës pluhur

1 lugë shafran i Indisë

1 lugë gjelle koriandër të bluar

1 lugë çaji qimnon i bluar

½ lugë çaji amchoor*

1 qepë e vogël, e grirë në rende

¼ lugë çaji bikarbonat sode

Kripë për shije

Vaj vegjetal i rafinuar për tiganisje të thellë

Metoda

- Përziejini së bashku të gjithë përbërësit, përveç vajit, me ujë të mjaftueshëm për të formuar një brumë të trashë.
- Ngrohni vajin në një tigan. Hidhni disa lugë brumë në të dhe skuqeni në nxehtësi mesatare deri në ngjyrë të artë nga të gjitha anët.
- Përsëriteni për brumin e mbetur. Shërbejeni të nxehtë.

Skumbri në lëng mishi me domate

Shërben 4

Përbërësit

1 lugë gjelle vaj vegjetal të rafinuar

2 qepë të mëdha, të grira hollë

2 domate, të grira hollë

1 lugë gjelle pastë xhenxhefili

1 lugë gjelle pastë hudhre

1 lugë spec djegës pluhur

½ lugë shafran i Indisë

8 kokum të thatë*

2 speca djegës të gjelbër, të prera në feta

Kripë për shije

4 skumbri të mëdhenj, të pastruar me lëkurë dhe me fileto

120 ml/4 ml oz ujë

Metoda

- Ngrohni vajin në një tenxhere. Skuqini qepët në nxehtësi mesatare deri në kafe. Shtoni të gjithë përbërësit e mbetur, përveç peshkut dhe ujit. Përziejini mirë dhe ziejini për 5-6 minuta.
- Shtoni peshkun dhe ujin. Përziejini mirë. Ziejini për 15 minuta dhe shërbejeni të nxehtë.

Konju Ullaruathu

(Scampi në Masala të Kuqe)

Shërben 4

Përbërësit

120ml/4floz vaj vegjetal të rafinuar

1 qepë e madhe, e grirë hollë

5cm/2in xhenxhefil rrënjë, i prerë imët

12 thelpinj hudhër, të prera imët

2 lugë speca djegës jeshil, të grirë imët

8 gjethe kerri

2 domate, të grira hollë

1 lugë shafran i Indisë

2 lugë koriandër të bluar

1 lugë çaji kopër të bluar

600g/1lb 5oz skampi, me predha dhe me vena

3 lugë spec djegës pluhur

Kripë për shije

1 lugë gjelle garam masala

Metoda

- Ngrohni vajin në një tenxhere. Shtoni qepën, xhenxhefilin, hudhrën, specin e gjelbër dhe gjethet e kerit dhe skuqini në zjarr mesatar për 1-2 minuta.
- Shtoni të gjithë përbërësit e mbetur, përveç garam masala. Përziejini mirë dhe ziejini në zjarr të ulët për 15-20 minuta.
- Spërkateni me garam masala dhe shërbejeni të nxehtë.

Chemeen Manga Curry

(Krakaleca të pjekura me mango të papjekur)

Shërben 4

Përbërësit

200 g/7oz arrë kokosi të freskët, të grirë

1 lugë spec djegës pluhur

2 qepë të mëdha, të prera hollë

3 lugë vaj vegjetal të rafinuar

2 speca djegës të gjelbër, të copëtuar

Xhenxhefil 2,5 cm/1 inç rrënjë, i prerë në feta hollë

Kripë për shije

1 lugë shafran i Indisë

1 mango e vogël e papjekur, e prerë në kubikë

120 ml/4 ml oz ujë

750 g/1 lb 10 oz karkaleca tigër, të prera dhe të pa vena

1 lugë fara sinapi

10 gjethe kerri

2 speca djegës të plotë të kuq

4-5 qepe, të prera në feta

Metoda

- Grini së bashku kokosin, pluhurin e djegës dhe gjysmën e qepëve. Le menjane.
- Ngrohni gjysmën e vajit në një tenxhere. Kaurdisni qepët e mbetura me specat e gjelbër, xhenxhefilin, kripën dhe shafranin e Indisë në zjarr të ulët për 3-4 minuta.
- Shtoni pastën e kokosit, mangon e papjekur dhe ujin. Ziejini për 8 minuta.
- Shtoni karkalecat. Ziejini për 10-12 minuta dhe lërini mënjanë.
- Ngrohni vajin e mbetur. Shtoni farat e sinapit, gjethet e kerit, specat djegës dhe qepujt. Skuqini për një minutë. Këtë përzierje ia shtojmë karkalecave dhe e shërbejmë të nxehtë.

Simple Machchi Fry

(Peshku i skuqur me erëza)

Shërben 4

Përbërësit

8 fileto peshku të bardhë të fortë si merluci

¾ lugë shafran i Indisë

½ lugë spec djegës pluhur

1 lugë çaji lëng limoni

250ml/8fl oz vaj vegjetal të rafinuar

2 lugë gjelle miell të bardhë të thjeshtë

Metoda

- Marinojini peshkun me shafran i Indisë, pluhur speci djegës dhe lëng limoni për 1 orë.
- Ngrohni vajin në një tigan. E lyejmë peshkun me miell dhe e skuqim në zjarr mesatar për 3-4 minuta. Kthejeni dhe skuqeni për 2-3 minuta. Shërbejeni të nxehtë.

Machher Kalia

(Peshku me lëng mishi të pasur)

Shërben 4

Përbërësit

1 lugë fara koriandër

2 lugë fara qimnoni

1 lugë spec djegës pluhur

2.5cm/1in xhenxhefil rrënjë, i qëruar

250 ml/8 ml oz ujë

120ml/4floz vaj vegjetal të rafinuar

500g/1lb 2oz fileto trofte, të hequra nga lëkura

3 gjethe dafine

1 qepë e madhe, e grirë hollë

4 thelpinj hudhre, te grira holle

4 speca djegës të gjelbër, të prera në feta

Kripë për shije

1 lugë shafran i Indisë

2 lugë kos

Metoda

- Grini farat e korianderit, farat e qimnonit, pluhurin e specit djegës dhe xhenxhefilin me ujë të mjaftueshëm për të formuar një pastë të trashë. Le menjane.
- Ngrohni vajin në një tenxhere. Shtoni peshkun dhe skuqeni në zjarr mesatar për 3-4 minuta. Kthejeni dhe përsërisni. Kullojeni dhe lëreni mënjanë.
- Në të njëjtin vaj shtoni gjethet e dafinës, qepën, hudhrën dhe specat e gjelbër. Skuqini për 2 minuta. Shtoni përbërësit e mbetur, peshkun e skuqur dhe pastën. Përziejini mirë dhe ziejini për 15 minuta. Shërbejeni të nxehtë.

Peshku i skuqur në vezë

Shërben 4

Përbërësit

500g/1lb 2oz John Dory, i pastruar me lëkurë dhe fileto

Lëng nga 1 limon

Kripë për shije

2 vezë

1 lugë gjelle miell i bardhë i thjeshtë

½ lugë piper i zi i bluar

1 lugë spec djegës pluhur

250ml/8fl oz vaj vegjetal të rafinuar

100 g/3½oz thërrime buke

Metoda

- Marinojini peshkun me lëng limoni dhe kripë për 4 orë.
- Rrihni vezët me miellin, piperin dhe pluhurin e djegës.
- Ngrohni vajin në një tigan. Lyejeni peshkun e marinuar në përzierjen e vezëve, rrotulloni thërrimet e bukës dhe skuqeni në zjarr të ulët deri në kafe të artë. Shërbejeni të nxehtë.

Lau Chingri

(karkaleca me kungull)

Shërben 4

Përbërësit

250 g/9oz karkaleca, të qëruara

500 g/1 lb 2oz kungull, i prerë në kubikë

2 lugë gjelle vaj mustarde

¼ lugë fara qimnoni

1 gjethe dafine

½ lugë shafran i Indisë

1 lugë gjelle koriandër të bluar

¼ luge sheqer

1 lugë gjelle qumësht

Kripë për shije

Metoda

- Ziejini në avull karkalecat dhe kungullin së bashku për 15-20 minuta. Le menjane.
- Ngrohni vajin në një tenxhere. Shtoni farat e qimnonit dhe gjethen e dafinës. Skuqini për 15 sekonda. Shtoni shafranin e Indisë dhe korianderin e bluar. Skuqini në zjarr mesatar për 2-3 minuta. Shtoni sheqerin, qumështin, kripën dhe karkalecat dhe kungullin e zier në avull. Ziejini për 10 minuta. Shërbejeni të nxehtë.

Peshku me domate

Shërben 4

Përbërësit

2 lugë gjelle miell të bardhë të thjeshtë

1 lugë piper i zi i bluar

500g/1lb 2oz taban limoni, i pastruar me lëkurë dhe fileto

3 lugë gjelle gjalpë

2 gjethe dafine

1 qepë e vogël, e grirë në rende

6 thelpinj hudhre, te grira holle

2 lugë çaji lëng limoni

6 lugë gjelle lëng peshku

150 g/5½oz pure domatesh

Kripë për shije

Metoda

- Përzieni miellin dhe piperin së bashku. Hidhni peshkun në përzierje.
- Ngroheni gjalpin në një tigan. Skuqini peshkun në nxehtësi mesatare deri në ngjyrë të artë. Kullojeni dhe lëreni mënjanë.
- Në të njëjtin gjalpë skuqni gjethet e dafinës, qepën dhe hudhrën në zjarr mesatar për 2-3 minuta. Shtoni peshkun e skuqur dhe të gjithë përbërësit e mbetur. Përziejini mirë dhe ziejini për 20 minuta. Shërbejeni të nxehtë.

Chingri Machher Kalia

(Karri i pasur me karkaleca deti)

Shërben 4

Përbërësit

24 karkaleca deti të mëdha, të prera dhe të de-vena

½ lugë shafran i Indisë

Kripë për shije

250 ml/8 ml oz ujë

3 lugë gjelle vaj mustarde

2 qepë të mëdha, të grira hollë

6 speca djegës të kuq të thatë, të bluara

2 lugë gjelle gjethe koriandër, të prera imët

Metoda

- Ziejini karkalecat me shafranin e Indisë, kripën dhe ujin në një tenxhere në zjarr mesatar për 20-25 minuta. Le menjane. Mos e hidhni ujin.
- Ngrohni vajin në një tenxhere. Shtoni qepët dhe specat e kuq dhe skuqini në zjarr mesatar për 2-3 minuta.
- Shtoni karkalecat e ziera dhe ujin e rezervuar. Përziejini mirë dhe ziejini për 20-25 minuta. Zbukuroni me gjethet e korianderit. Shërbejeni të nxehtë.

Peshku Tikka Kebab

Shërben 4

Përbërësit

1 lugë gjelle uthull malti

1 lugë kos

1 lugë pastë xhenxhefili

1 lugë pastë hudhre

2 speca djegës të gjelbër, të grirë hollë

1 lugë gjelle garam masala

1 lugë çaji qimnon i bluar

1 lugë spec djegës pluhur

Ngjyrosje e ngjyrosjes ushqimore portokalli

Kripë për shije

675 g/1½ lb peshk murg, i pastruar me lëkurë dhe fileto

Metoda

- Përziejini të gjithë përbërësit, përveç peshkut. Marinojini peshkun me këtë përzierje për 3 orë.
- Peshkun e marinuar e rregullojmë në hell dhe e pjekim në skarë për 20 minuta. Shërbejeni të nxehtë.

Ketletë Chingri Machher

(Ketleta me karkaleca)

Shërben 4

Përbërësit

12 karkaleca deti, të prera dhe të de-vena

Kripë për shije

500 ml/16 ml oz ujë

4 speca djegës të gjelbër, të grirë hollë

2 lugë gjelle, pastë hudhre

50 g/1¾oz gjethe koriandër, të copëtuara

1 lugë çaji qimnon i bluar

Majë e shafranit të Indisë

Vaj vegjetal i rafinuar për tiganisje të thellë

1 vezë, të tundur

4 lugë gjelle thërrime buke

Metoda

- Gatuani karkalecat me kripë dhe ujë në një tenxhere në zjarr mesatar për 20 minuta. I kullojmë dhe i bëjmë pure me të gjithë përbërësit e mbetur, përveç vajit, vezës dhe bukës.
- Ndani masën në 8 pjesë, rrotullojeni në toptha dhe rrafshoni në copa.
- Ngrohni vajin në një tigan. Zhytni kotoletat në vezë, rrotulloni në thërrimet e bukës dhe skuqini në nxehtësi mesatare derisa të marrin ngjyrë të artë. Shërbejeni të nxehtë.

Peshk i pjekur

Shërben 4

Përbërësit

500g/1lb 2oz shollë limoni ose fileto të kuqe, të pastruara nga lëkura

Kripë për shije

1 lugë piper i zi i bluar

¼ lugë speca djegës të kuq të thatë, të grirë imët

2 speca jeshilë të mëdhenj, të grirë hollë

2 domate, të prera në feta

1 qepë e madhe, e prerë në feta

Lëng nga 1 limon

3 speca djegës të gjelbër, të prerë për së gjati

10 thelpinj hudhre, te prera holle

1 lugë gjelle vaj ulliri

Metoda

- Vendosni filetot e peshkut në një enë kundër furrës dhe sipër tyre spërkatni kripë, piper dhe speca djegës.
- Përhapni përbërësit e mbetur mbi këtë përzierje.
- Mbulojeni enën dhe piqeni në furrë në 200°C (400°F, Gas Mark 6) për 15 minuta. E mbulojmë dhe e pjekim për 10 minuta. Shërbejeni të nxehtë.

Karkaleca me speca jeshil

Shërben 4

Përbërësit

4 lugë vaj vegjetal të rafinuar

2 qepë të mëdha, të prera hollë

5cm/2in xhenxhefil rrënjë, i prerë imët

12 thelpinj hudhër, të prera imët

4 speca djegës të gjelbër, të prerë për së gjati

½ lugë shafran i Indisë

2 domate, të grira hollë

500g/1lb 2oz karkaleca deti, të prera dhe të pa vena

3 speca jeshil të prerë dhe të prerë në feta

Kripë për shije

1 lugë gjelle gjethe koriandër, të copëtuara

Metoda

- Ngrohni vajin në një tenxhere. Shtoni qepët, xhenxhefilin, hudhrën dhe specat jeshilë. Skuqini në zjarr të ulët për 1-2 minuta. Shtoni përbërësit e mbetur, përveç gjetheve të koriandrit. Përziejini mirë dhe ziejini për 15 minuta.

- Zbukuroni me gjethet e korianderit. Shërbejeni të nxehtë.

Machher Jhole

(Peshku në lëng mishi)

Shërben 4

Përbërësit

500g/1lb 2oz troftë, e pastruar me lëkurë dhe fileto

1 lugë shafran i Indisë

Kripë për shije

4 lugë gjelle vaj mustarde

3 speca djegës të kuq të thatë

1 lugë gjelle garam masala

1 qepë e madhe, e grirë

2 lugë pastë xhenxhefili

1 lugë mustardë e bluar

1 lugë gjelle koriandër të bluar

250 ml/8 ml oz ujë

1 lugë gjelle gjethe koriandër, të copëtuara

Metoda

- Marinojini peshkun me shafran të Indisë dhe kripë për 30 minuta.
- Ngrohni vajin në një tigan. Skuqini peshkun e marinuar në zjarr mesatar për 2-3 minuta. Kthejeni dhe përsërisni. Le menjane.
- Në të njëjtin vaj skuqni specat djegës dhe garam masala në zjarr mesatar për 1-2 minuta. Shtoni përbërësit e mbetur, përveç gjetheve të koriandrit. Përziejini mirë dhe ziejini për 10 minuta. Shtoni peshkun dhe përzieni mirë.
- Ziejini për 10 minuta. Spërkateni me gjethet e korianderit dhe shërbejeni të nxehtë.

Machher Paturi

(Peshku i zier në avull në gjethe banane)

Shërben 4

Përbërësit

5 lugë fara mustarde

5 speca djegës të gjelbër

1 lugë shafran i Indisë

1 lugë spec djegës pluhur

1 lugë gjelle vaj mustarde

½ lugë fara kopër

2 lugë gjelle gjethe koriandër, të prera imët

½ lugë sheqer

Kripë për shije

750g/1lb 10oz troftë, e pastruar me lëkurë dhe fileto

20 × 15 cm/8 × 6 in gjethe bananeje, të lara

Metoda

- Grini së bashku të gjithë përbërësit, përveç peshkut dhe gjetheve të bananes, në një pastë të butë. Marinojini peshkun me këtë pastë për 30 minuta.
- Mbështilleni peshkun me gjethet e bananes dhe ziejini në avull për 20-25 minuta. E mbështjellim me kujdes dhe e servirim të nxehtë.

Chingri Machher Shorsher Jhole

(Karri i mustardës së karkalecit)

Shërben 4

Përbërësit

- 6 speca djegës të kuq të thatë
- ½ lugë shafran i Indisë
- 3 lugë fara qimnoni
- 1 lugë fara mustarde
- 12 thelpinj hudhre
- 2 qepë të mëdha
- Kripë për shije
- 24 karkaleca deti, të prera dhe të de-vena
- 3 lugë gjelle vaj mustarde
- 500 ml/16 ml oz ujë

Metoda

- Grini së bashku të gjithë përbërësit, përveç karkalecave, vajit dhe ujit, në një masë të butë. Marinojini karkalecat me këtë pastë për 1 orë.
- Ngrohni vajin në një tenxhere. Shtoni karkalecat dhe skuqini në zjarr mesatar për 4-5 minuta.
- Shtoni ujin. Përziejini mirë dhe ziejini për 20 minuta. Shërbejeni të nxehtë.

Kari i karkalecit dhe patates

Shërben 4

Përbërësit

3 lugë vaj vegjetal të rafinuar

2 qepë të mëdha, të grira hollë

3 domate, të grira hollë

1 lugë pastë hudhre

1 lugë spec djegës pluhur

½ lugë shafran i Indisë

1 lugë gjelle garam masala

250 g/9oz karkaleca deti, të prera dhe të pa vena

2 patate të mëdha, të prera në kubikë

250 ml/8 ml ujë të nxehtë

1 lugë çaji lëng limoni

10 g/¼ oz gjethe koriandër, të copëtuara

Kripë për shije

Metoda

- Ngrohni vajin në një tenxhere. Skuqini qepët në zjarr të ulët deri në kafe.
- Shtoni domatet, pastën e hudhrës, pluhurin e djegës, shafranin e Indisë dhe garam masala. Skuqeni për 4-5 minuta. Shtoni përbërësit e mbetur. Përziejini mirë.
- Ziejini për 20 minuta dhe shërbejeni të nxehtë.

Moli i karkalecit

(Krakaleca të gatuara në një kerri të thjeshtë)

Shërben 4

Përbërësit

3 lugë vaj vegjetal të rafinuar

2 qepë të mëdha, të grira hollë

Xhenxhefil me rrënjë 2,5 cm/1 inç, i grirë

8 thelpinj hudhër, të prera

4 speca djegës të gjelbër, të prerë për së gjati

375 g/13 oz karkaleca deti, të prera dhe të pa vena

3 domate, të grira hollë

1 lugë shafran i Indisë

½ lugë spec djegës pluhur

Kripë për shije

750 ml/1¼ linte qumësht kokosi

Metoda

- Ngrohni vajin në një tenxhere. Shtoni qepët, xhenxhefilin, hudhrën dhe specat e gjelbër dhe skuqini në zjarr mesatar për 1-2 minuta.
- Shtoni karkalecat, domatet, shafranin e Indisë, pluhurin e djegës dhe kripën. Skuqeni për 5-6 minuta. Shtoni qumështin e kokosit. Përziejini mirë dhe ziejini për 10-12 minuta. Shërbejeni të nxehtë.

Peshku Koliwada

(Peshku i skuqur pikant)

Shërben 4

Përbërësit

675 g/1½ lb peshk murg, i pastruar me lëkurë dhe fileto

Kripë për shije

1 lugë çaji lëng limoni

250 g/9oz besan*

3 lugë gjelle miell

1 lugë shafran i Indisë

2 lugë çat masala*

1 lugë gjelle garam masala

2 lugë gjelle gjethe koriandër, të copëtuara

1 lugë gjelle uthull malti

1 lugë spec djegës pluhur

4 lugë gjelle ujë

Vaj vegjetal i rafinuar për tiganisje të thellë

Metoda

- Marinojini peshkun me kripë dhe lëng limoni për 2 orë.
- Përziejini të gjithë përbërësit e mbetur, përveç vajit, për të formuar një brumë të trashë.
- Ngrohni vajin në një tigan. Lyejeni peshkun me brumë dhe skuqeni thellë në nxehtësi mesatare deri në kafe të artë. I kullojmë dhe e servirim të nxehtë.

Roll peshku dhe patate

Shërben 4

Përbërësit

675 g/1½ lb shollë limoni, e pastruar me lëkurë dhe fileto

Kripë për shije

¼ lugë shafran i Indisë

1 patate e madhe, e zier

2 lugë çaji lëng limoni

2 lugë gjelle koriandër, të grirë hollë

2 qepë të vogla, të grira hollë

1 lugë gjelle garam masala

2-3 speca djegës të vegjël jeshilë

½ lugë spec djegës pluhur

Vaj vegjetal i rafinuar për tiganisje të thellë

2 vezë, të tundura

6-7 lugë gjelle thërrime buke

Metoda

- Ziejini peshkun në avull për 15 minuta.
- I kullojmë dhe i përziejmë me përbërësit e mbetur, përveç vajit, vezëve dhe bukës. Ziejini dhe ndajini në 8 role me trashësi 6cm/2½.
- Ngrohni vajin në një tigan. Zhytni rolet në vezë, rrotulloni në thërrimet e bukës dhe skuqini në zjarr mesatar derisa të marrin ngjyrë të artë. I kullojmë dhe e servirim të nxehtë.

Masala e karkalecit

Shërben 4

Përbërësit

4 lugë vaj vegjetal të rafinuar

3 qepë, 1 të prera në feta dhe 2 të prera

2 lugë fara koriandër

3 karafil

2.5 cm/1 in kanellë

5 kokrra piper

100 g/3½oz arrë kokosi të freskët, të grirë

6 speca djegës të kuq të thatë

500g/1lb 2oz karkaleca deti, të prera dhe të pa vena

½ lugë shafran i Indisë

250 ml/8 ml oz ujë

2 lugë pastë tamarindi

Kripë për shije

Metoda

- Ngrohni 1 lugë gjelle vaj në një tenxhere. Skuqini qepën e prerë në feta, farat e korianderit, karafilin, kanellën, kokrrat e piperit, kokosin dhe specat e kuq në zjarr mesatar për 2-3 minuta. Bluajeni në një pastë të lëmuar. Le menjane.
- Ngrohni vajin e mbetur në një tenxhere. Shtoni qepët e grira dhe skuqini në zjarr mesatar deri në kafe. Shtoni karkalecat, shafranin e Indisë dhe ujin. Përziejini mirë dhe ziejini për 5 minuta.
- Shtoni pastën e bluar, pastën e marinës dhe kripën. Skuqeni për 15 minuta. Shërbejeni të nxehtë.

Peshku me hudhër

Shërben 4

Përbërësit

500g/1lb 2oz peshk shpatë, i pastruar me lëkurë dhe fileto

Kripë për shije

1 lugë shafran i Indisë

1 lugë gjelle vaj vegjetal të rafinuar

2 qepë të mëdha, të grira hollë

2 lugë pastë hudhre

½ lugë pastë xhenxhefili

1 lugë gjelle koriandër të bluar

125 g/4½oz pure domatesh

Metoda

- Marinojini peshkun me kripë dhe shafran të Indisë për 30 minuta.
- Ngrohni vajin në një tenxhere. Shtoni qepët, pastën e hudhrës, pastën e xhenxhefilit dhe korianderin e bluar. Skuqini në zjarr mesatar për 2 minuta.
- Shtoni purenë e domates dhe peshkun. Ziejini për 15-20 minuta. Shërbejeni të nxehtë.

Oriz me patate

Shërben 4

Përbërësit

150 g/5½ oz ghee plus shtesë për tiganisje të thellë

1 qepë e madhe

Xhenxhefil 2.5 cm/1 inç rrënjë

6 thelpinj hudhre

125 g/4½oz kos, i tundur

4 lugë gjelle qumësht

2 bishtaja kardamom jeshile

2 karafil

1 cm/½ në kanellë

250 g/9oz oriz basmati, zhytur për 30 minuta dhe kulluar

Kripë për shije

1 litër/1¾ litër ujë

15 arra shqeme, të skuqura

Për petat:

3 patate të mëdha, të ziera dhe të grira

125 g/4½oz besane*

½ lugë spec djegës pluhur

½ lugë shafran i Indisë

1 lugë çaji pluhur garam masala

1 qepë e madhe, e grirë

Metoda

- Përziejini së bashku të gjithë përbërësit e petës. Përzierjen e ndajmë në peta të vogla.
- Ngroheni ghee për skuqje të thellë në një tigan. Shtoni petat dhe skuqini në zjarr mesatar deri në kafe të artë. I kullojmë dhe i lëmë mënjanë.
- Grini qepën, xhenxhefilin dhe hudhrën në një pastë.
- Ngrohni 60 g/2oz ghee në një tenxhere. Shtoni pastën dhe skuqeni në zjarr mesatar derisa të bëhet e tejdukshme.
- Shtoni kosin, qumështin dhe petat e patates. Ziejeni përzierjen për 10-12 minuta. Le menjane.
- Ngrohni ghinë e mbetur në një tenxhere tjetër. Shtoni kardamonin, karafilin, kanellën, orizin, kripën dhe ujin. Mbulojeni me kapak dhe ziejini për 15-20 minuta.
- Rregulloni përzierjen e orizit dhe patateve në shtresa të ndryshme në një enë kundër furrës. Përfundoni me një shtresë orizi. Dekoroni me arra shqeme.
- Piqeni orizin me patate në furrë në 200°C (400°F, Gas Mark 6) për 7-8 minuta. Shërbejeni të nxehtë.

Pulao perime

Shërben 4

Përbërësit

5 lugë vaj vegjetal të rafinuar

2 karafil

2 bishtaja kardamom jeshile

4 kokrra piper te zi

2.5 cm/1 in kanellë

1 qepë e madhe, e grirë hollë

1 lugë pastë xhenxhefili

1 lugë pastë hudhre

2 speca djegës të gjelbër, të grirë hollë

1 lugë gjelle garam masala

150 g/5½oz perime të përziera (fasule franceze, patate, karrota, etj.)

500g/1lb 2oz oriz me kokërr të gjatë, të njomur për 30 minuta dhe të kulluar

Kripë për shije

600 ml/1 litër ujë të nxehtë

Metoda

- Ngrohni vajin në një tenxhere. Shtoni karafilin, kardamonin, kokrrat e piperit dhe kanellën. Lërini të shpërndahen për 15 sekonda.
- Shtoni qepën dhe skuqeni në zjarr mesatar për 2-3 minuta, duke e përzier herë pas here.
- Shtoni pastën e xhenxhefilit, pastën e hudhrës, specat e gjelbër dhe garam masala. Përziejini mirë. Skuqeni këtë përzierje për një minutë.
- Shtoni perimet dhe orizin. Skuqini pulaon në nxehtësi mesatare për 4 minuta.
- Shtoni kripën dhe ujin. Përziejini mirë. Gatuani në zjarr mesatar për një minutë.
- Mbulojeni me kapak dhe ziejini për 10-12 minuta. Shërbejeni të nxehtë.

Kaççe Gosht ki Biryani

(Qengji Biryani)

Shërben 4-6

Përbërësit

1 kg/2¼ lb qengji, i prerë në copa 5 cm/2 inç

1 litër/1¾ litër ujë

Kripë për shije

6 karafil

5 cm/2 in kanellë

5 bishtaja kardamom jeshile

4 gjethe dafine

6 kokrra piper te zi

750g/1lb 10oz oriz basmati, i njomur për 30 minuta dhe i kulluar

150 g/5½ oz ghy

Majë shafran, e tretur në 1 lugë gjelle qumësht

5 qepë të mëdha, të prera në feta dhe të skuqura thellë

Për marinadën:

200 g/7oz kos

1 lugë shafran i Indisë

1 lugë spec djegës pluhur

1 lugë pastë xhenxhefili

1 lugë pastë hudhre

1 lugë kripë

25 g/1 oz gjethe koriandër të pakta, të grira imët

25 g/1 oz gjethe menteje të pakta, të grira imët

Metoda

- Përziejini të gjithë përbërësit e marinadës dhe marinojini copat e qengjit me këtë përzierje për 4 orë.
- Në një tenxhere përzieni ujin me kripën, karafilin, kanellën, kardamonin, gjethet e dafinës dhe kokrrat e piperit. Gatuani në zjarr mesatar për 5-6 minuta.
- Shtoni orizin e kulluar. Gatuani për 5-7 minuta. Kulloni ujin e tepërt dhe lëreni mënjanë orizin.
- Hidheni ghee në një enë të madhe rezistente ndaj nxehtësisë dhe vendosni mishin e marinuar mbi të. Vendosni orizin në një shtresë mbi mish.
- Në shtresën e sipërme spërkatni qumështin e shafranit dhe pak ghee.
- Mbyllni tavën me fletë metalike dhe mbulojeni me kapak.

- Ziejini për 40 minuta.
- E heqim nga zjarri dhe e lëmë të qëndrojë edhe 30 minuta të tjera.
- Zbukuroni biryanin me qepë. Shërbejeni në temperaturë ambienti.

Acari Gosht ki Biryani

(Biryani turshi deleje)

Shërben 4-6

Përbërësit

4 qepë të mesme, të grira hollë

400g/14oz kos

2 lugë pastë xhenxhefili

2 lugë pastë hudhre

1 kg/2¼ lb mish deleje, i prerë në copa 5 cm/2 inç

2 lugë fara qimnoni

2 lugë fara fenugreek

1 lugë fara qepë

2 lugë fara sinapi

10 speca djegës të gjelbër

6½ lugë gjelle ghy

50 g/1¾oz gjethe nenexhiku, të prera imët

100 g/3½oz gjethe koriandër, të prera imët

2 domate, të prera në katër pjesë

750g/1lb 10oz oriz basmati, i njomur për 30 minuta dhe i kulluar

Kripë për shije

3 karafil

2 gjethe dafine

5 cm/2 in kanellë

4 kokrra piper te zi

Majë e madhe shafran, e tretur në 1 lugë gjelle qumësht

Metoda

- Përziejini së bashku qepët, kosin, pastën e xhenxhefilit dhe hudhrën. Marinojeni mishin e deles me këtë përzierje për 30 minuta.
- Pjekni në thatë farat e qimnonit, fenugreek, qepës dhe mustardës së bashku. I grijmë në një përzierje të trashë.
- Prisni specat e gjelbër dhe i mbushni me masën e grirë. Le menjane.
- Ngrohni 6 lugë ghee në një tenxhere. Shtoni mishin e deles. Skuqni mishin e deles në zjarr mesatar për 20 minuta. Sigurohuni që të gjitha anët e pjesëve të mishit të deleve të jenë të skuqura në mënyrë të barabartë.
- Shtoni specat e gjelbër të mbushur. Vazhdoni të gatuani edhe 10 minuta të tjera.
- Shtoni gjethet e mentes, gjethet e koriandrit dhe domatet. I trazojmë mirë për 5 minuta. Le menjane.
- Përzieni orizin me kripën, karafilin, gjethet e dafinës, kanellën dhe kokrrat e piperit. Ziejeni masën. Le menjane.
- Hidhni xhin e mbetur në një enë kundër furrës.

- Vendosni copat e skuqura të deles mbi ghee. Mbi mishin e deles e rregullojmë në një shtresë orizin e zier.
- Mbi orizin hidhni qumështin e shafranit.
- Mbulojeni enën me fletë metalike dhe mbulojeni me kapak. Piqni biryanin në një furrë të parangrohur në 200°C (400°F, Gas Mark 6) për 8-10 minuta.
- Shërbejeni të nxehtë.

Yakhni Pulao

(Kashmiri Pulao)

Shërben 4

Përbërësit

600g/1lb 5oz mish deleje, i prerë në copa 2,5cm/1in

2 gjethe dafine

10 kokrra piper te zi

Kripë për shije

1,7 litra/3 litra ujë të nxehtë

5 lugë vaj vegjetal të rafinuar

4 karafil

3 bishtaja kardamom jeshile

2.5 cm/1 in kanellë

1 lugë gjelle pastë hudhre

1 lugë gjelle pastë xhenxhefili

3 qepë të mëdha, të grira hollë

500 g/1 lb 2oz oriz basmati, i njomur për 30 minuta dhe i kulluar

1 lugë çaji qimnon i bluar

2 lugë koriandër të bluar

200 g/7oz kos, i tundur

1 lugë gjelle garam masala

60 g/2oz qepë, të prera në unaza dhe të skuqura thellë

4-5 rrush të thatë të skuqur

½ kastravec, i prerë në feta

1 domate e prerë në feta

1 vezë e zier fort dhe e prerë në feta

1 piper jeshil, i prere ne feta

Metoda

- Shtoni mishin e deles, gjethet e dafinës, kokrrat e piperit dhe kripën në ujë. Gatuani këtë përzierje në një tenxhere në nxehtësi mesatare për 20-25 minuta.
- Kullojeni masën e mishit të deles dhe lëreni mënjanë. Rezervoni stokun.
- Ngrohni vajin në një tenxhere. Shtoni karafilin, kardamonin dhe kanellën. Lërini të shpërndahen për 15 sekonda.
- Shtoni pastën e hudhrës, pastën e xhenxhefilit dhe qepët. I skuqim në zjarr mesatar deri në kafe.
- Shtoni përzierjen e mishit të deles. Skuqini për 4-5 minuta, duke e përzier në intervale të rregullta.
- Shtoni orizin, qimnonin, korianderin, kosin, garam masala dhe kripën. E trazojmë lehtë.
- Shtoni lëngun e mishit të deles, së bashku me ujë të mjaftueshëm të nxehtë për të qëndruar 2.5 cm/1 inç mbi nivelin e orizit.
- Ziejini pulaon për 10-12 minuta.

- Zbukuroni me rrathët e qepës, rrushin e thatë, kastravecin, domaten, vezën dhe piperin jeshil. Shërbejeni të nxehtë.

Hyderabadi Biryani

Shërben 4

Përbërësit

1 kg/2¼ lb mish deleje, i prerë në copa 3,5 cm/1½

2 lugë pastë xhenxhefili

2 lugë pastë hudhre

Kripë për shije

6 lugë vaj vegjetal të rafinuar

500g/1lb 2oz kos

2 litra/3½ litra ujë

2 patate të mëdha, të qëruara dhe të prera në katër pjesë

750g/1lb 10oz oriz basmati, i zier

1 lugë ghee, e ngrohur

Për përzierjen e erëzave:

4 qepë të mëdha, të prera hollë

3 karafil

2.5 cm/1 in kanellë

3 bishtaja kardamom jeshile

2 gjethe dafine

6 kokrra piper

6 speca djegës të gjelbër

50 g/1¾oz gjethe koriandër, të grimcuara

2 lugë çaji lëng limoni

1 lugë qimnon i bluar

1 lugë shafran i Indisë

1 lugë gjelle koriandër të bluar

Metoda

- Marinojeni mishin e deles me pastën e xhenxhefilit, hudhrën dhe kripën për 2 orë.
- Përziejini së bashku të gjithë përbërësit e përzierjes së erëzave.
- Ngrohni vajin në një tenxhere. Shtoni përzierjen e erëzave dhe skuqeni në zjarr mesatar për 5-7 minuta.
- Shtoni kosin, mishin e marinuar të deles dhe 250 ml/8 ml ujë. Ziejini për 15-20 minuta, duke e përzier herë pas here.
- Shtoni patatet, orizin dhe ujin e mbetur. Ziejini për 15 minuta.
- Hidhni ghee mbi orizin dhe mbulojeni fort me kapak.
- Ziejeni derisa orizi të jetë gati. Shërbejeni të nxehtë.

Biryani perimesh

Shërben 4

Përbërësit

- 4 lugë vaj vegjetal të rafinuar
- 2 qepë të mëdha, të prera hollë
- 1 lugë gjelle pastë xhenxhefili
- 1 lugë gjelle pastë hudhre
- 6 kokrra piper
- 2 gjethe dafine
- 3 bishtaja kardamom jeshile
- 2.5 cm/1 in kanellë
- 3 karafil
- 1 lugë shafran i Indisë
- 1 lugë gjelle koriandër të bluar
- 6 speca djegës të kuq, të bluara
- 50 g/1¾oz arrë kokosi të freskët, të grirë
- 200 g/7oz perime të përziera të ngrira
- 2 feta ananasi, të prera imët
- 10-12 arra shqeme
- 200 g/7oz kos

Kripë për shije

750g/1lb 10oz oriz basmati, i zier

Pikë e ngjyrës së verdhë ushqimore

4 lugë ghee

1 lugë qimnon i bluar

3 lugë gjelle gjethe koriandër, të prera imët

Metoda

- Ngrohni vajin në një tenxhere. Shtoni të gjitha qepët, pastën e xhenxhefilit dhe pastën e hudhrës. E trazojmë përzierjen në zjarr mesatar derisa qepët të bëhen të tejdukshme.
- Shtoni kokrrat e piperit, gjethet e dafinës, kardamonin, kanellën, karafilin, shafranin e Indisë, korianderin e bluar, specat e kuq dhe kokosin. Përziejini mirë. Skuqini për 2-3 minuta, duke e përzier herë pas here.
- Shtoni perimet, ananasin dhe arrat shqeme. Përziejeni përzierjen për 4-5 minuta.
- Shtoni kosin. Përziejini mirë për një minutë.
- Përhapeni orizin në një shtresë mbi përzierjen e perimeve dhe spërkatni ngjyrën e ushqimit sipër.
- Ngrohni ghee në një tenxhere të vogël. Shtoni qimnonin e bluar. Lëreni të shpërndahet për 15 sekonda.
- Hidheni këtë direkt mbi oriz.
- Mbulojeni me kapak dhe sigurohuni që të mos dalë avulli. Gatuani në zjarr të ulët për 10-15 minuta.
- Zbukuroni me gjethet e korianderit. Shërbejeni të nxehtë.

Kale Moti ki Biryani

(Biryani i tërë i zi)

Shërben 4

Përbërësit

500 g/1 lb 2oz oriz basmati, i njomur për 30 minuta dhe i kulluar

500 ml/16 ml qumësht

1 lugë gjelle garam masala

500 ml/16 ml oz ujë

Kripë për shije

75 g/2½ oz ghy

2 lugë pastë xhenxhefili

2 lugë pastë hudhre

3 speca djegës të gjelbër, të prerë për së gjati

6 patate të mëdha, të qëruara dhe të prera në katër pjesë

2 domate, të grira hollë

½ lugë spec djegës pluhur

⅓ lugë shafran i Indisë

200 g/7oz kos

300 g/10 oz fasule uradi*, i gatuar

1 lugë çaji shafran, i njomur në 60 ml/2 ml qumësht

25 g/1 oz gjethe koriandër të pakta, të grira imët

10 g/¼ oz gjethe nenexhiku, të prera imët

2 qepë të mëdha, të prera në feta dhe të skuqura thellë

3 bishtaja kardamom jeshile

5 karafil

2.5 cm/1 in kanellë

1 gjethe dafine

Metoda

- Gatuani orizin me qumështin, garam masala, ujin dhe kripën në një tenxhere në zjarr mesatar për 7-8 minuta. Le menjane.
- Ngroheni ghee në një enë rezistente ndaj furrës. Shtoni pastën e xhenxhefilit dhe pastën e hudhrës. Skuqeni në zjarr mesatar për një minutë.
- Shtoni specat e gjelbër dhe patatet. Skuqni përzierjen për 3-4 minuta.
- Shtoni domatet, specin djegës pluhur dhe shafranin e Indisë. Përziejini mirë. Skuqini për 2-3 minuta, duke e përzier shpesh.
- Shtoni kosin. Përziejini mirë për 2-3 minuta.
- Shtoni fasulet uradë. Gatuani në zjarr të ulët për 7-10 minuta.
- Sipër fasuleve spërkatni gjethet e koriandrit, gjethet e nenexhikut, qepët, kardamonin, karafilin, kanellën dhe gjethen e dafinës.

- Përhapeni orizin e gatuar në mënyrë të barabartë mbi përzierjen e fasuleve. Hidhni qumështin e shafranit mbi oriz.
- Mbulojeni me fletë metalike dhe mbulojeni me kapak.
- Piqni biryanin në furrë në 200°C (400°F, Gas Mark 6) për 15-20 minuta. Shërbejeni të nxehtë.

Mince & Masoor Pulao

(Të grirë dhe thjerrëza të kuqe të plota me oriz Pilau)

Shërben 4

Përbërësit
6 lugë vaj vegjetal të rafinuar

2 karafil

2 bishtaja kardamom jeshile

6 kokrra piper te zi

2 gjethe dafine

2.5 cm/1 in kanellë

1 lugë pastë xhenxhefili

1 lugë pastë hudhre

1 qepë e madhe, e grirë hollë

2 speca djegës të gjelbër, të grirë hollë

1 lugë spec djegës pluhur

½ lugë shafran i Indisë

2 lugë koriandër të bluar

1 lugë çaji qimnon i bluar

500g/1lb 2oz mish qengji i grirë

150 g/5½oz i tërë masor*, zhyten për 30 minuta dhe kullohen

250 g/9oz oriz me kokrriza te gjata, i njomur per 30 minuta dhe i kulluar

750 ml/1¼ linte ujë të nxehtë

Kripë për shije

10 g/¼ oz gjethe koriandër, të prera imët

Metoda

- Ngrohni vajin në një tenxhere. Shtoni karafilin, kardamonin, kokrrat e piperit, gjethet e dafinës, kanellën, pastën e xhenxhefilit dhe pastën e hudhrës. E skuqim këtë përzierje në zjarr mesatar për 2-3 minuta.
- Shtoni qepën. E trazojmë derisa të bëhet e tejdukshme.
- Shtoni specat e gjelbër. Skuqini për një minutë.
- Shtoni pluhurin e djegës, shafranin e Indisë, korianderin e bluar dhe qimnonin. Përziejini për 2 minuta.
- Shtoni mishin e grirë, masurin dhe orizin. Skuqini mirë në nxehtësi mesatare për 5 minuta, duke e trazuar lehtë në intervale të rregullta.
- Shtoni ujin e nxehtë dhe kripën.
- Mbulojeni me kapak dhe ziejini për 15 minuta.
- E zbukurojmë pulaon me gjethet e koriandërve. Shërbejeni të nxehtë.

Biryani i pulës

Shërben 4

Përbërësit

1 kg/2¼ lb pule me lëkurë me kocka, të prera në 8 copa

6 lugë vaj vegjetal të rafinuar

10 arra shqeme

10 rrush të thatë

500 g/1 lb 2oz oriz basmati, i njomur për 30 minuta dhe i kulluar

3 karafil

2 gjethe dafine

5 cm/2 in kanellë

4 kokrra piper te zi

Kripë për shije

4 qepë të mëdha, të prera hollë

250 ml/8 ml oz ujë

2½ lugë gjelle ghy

Një majë e madhe shafran, e tretur në 1 lugë gjelle qumësht

Për marinadën:

1½ lugë pastë hudhre

1½ lugë pastë xhenxhefili

3 speca djegës të gjelbër, të grirë hollë

1 lugë gjelle garam masala

1 lugë piper i zi i bluar

1 lugë gjelle koriandër të bluar

2 lugë qimnon të bluar

125 g/4½oz kos

Metoda

- Përziejini të gjithë përbërësit e marinadës. Marinojeni pulën me këtë përzierje për 3-4 orë.
- Ngrohni 1 lugë gjelle vaj në një tenxhere të vogël. Shtoni arrat shqeme dhe rrushin e thatë. Skuqini në zjarr mesatar deri në kafe. Kullojeni dhe lëreni mënjanë.
- Ziejeni orizin e kulluar me karafilin, gjethet e dafinës, kanellën, kokrrat e piperit dhe kripën. Le menjane.
- Ngrohni 3 lugë vaj në një tenxhere. Shtoni copat e pulës dhe skuqini në zjarr mesatar për 20 minuta duke i kthyer herë pas here. Le menjane.
- Ngrohni vajin e mbetur në një tenxhere tjetër. Shtoni qepët dhe skuqini në zjarr mesatar deri në kafe.
- Shtoni copat e pulës së skuqur. I kaurdisim edhe për 5 minuta në zjarr mesatar.
- Shtoni ujin dhe ziejini derisa pula të gatuhet. Le menjane.
- Hidhni 2 lugë ghee në një enë kundër furrës. Shtoni përzierjen e pulës. Rregulloni orizin në një shtresë mbi pulën.

- Hidhni sipër qumështin e shafranit dhe shtoni grykën e mbetur.
- Mbulojeni me fletë metalike dhe mbulojeni fort me kapak.
- Piqeni në furrë në 200°C (400°F, Gas Mark 6) për 8-10 minuta.
- Dekoroni me arra shqeme të skuqura dhe rrush të thatë. Shërbejeni të nxehtë.

www.ingramcontent.com/pod-product-compliance
Lightning Source LLC
Chambersburg PA
CBHW071425080526
44587CB00014B/1749